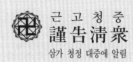

근 고 청 중
謹告淸衆
삼가 청정 대중에 알림

　　생사사대
1. 生死事大 : 삶과 죽음이 가장 큰 일인데

　　무상신속
2. 無常迅速 : 덧없는 세월은 빨리 가버리니

　　촌음가석
3. 寸陰可惜 : 짧은 시간도 한껏 아끼며

　　신물방일
4. 愼勿放逸 : 방심하고 게으르지 말라

순선안심법문
純禪安心法門

淸華 大禪師 法語集 純禪安心法門

1판 1쇄 ················· 1999년 7월 31일
2판 1쇄 ················· 2016년 11월 18일
책임편집 ··················· 정진백
발 행 인 ··················· 정태영
교   정 ··················· 김효은 · 이혜숙
발 행 처 ················· 사회문화원
　　　　　　　　　　광주광역시 동구 백서로125번길 21-1
　　　　　　　　　　전화 (062)232-5600
　　　　　　　　　　출판등록 제 2016-000016호
인 쇄 처 ················· 라인
　　　　　　　　　　전화 (062)232-4747
값 ························· 10,000원

Printed in Gwangju, Korea

【청화 대선사 법어집】

순선안심법문

사회문화원

菩提方便門

心은 虛空과 等할새 片雲隻影이 無한 廣大無邊한 虛空
的心界를 觀하면서 淸淨法身인달하여 毘盧遮那佛을
念하고 此虛空的心界에 超日月의 金色光明을 帶한 無
垢의 淨水가 充滿한 海象的性海를 觀하면서 圓滿報身
인달하여 盧舍那佛을 念하고 內로 念起念滅의 無色衆生
과 外로 日月星宿山河大地森羅萬象의 無情衆生과 人
畜乃至 蠢動含靈의 有情衆生과의 一切衆生을 性海無
風金波自涌인 海中漚로 觀하면서 千百億化身인달하
여 釋迦牟尼佛을 念하고 다시 彼無量無邊의 淸空心界
와 淨滿性海와 漚相衆生을 空性相一如의 一合相으로 通
觀하면서 三身一佛인달하여 阿(化)彌(報)陀(法)佛을 常念
하고 內外生滅相인 無數衆生의 無常諸行을 心隨萬境
轉인달하여 彌陀의 一大行相으로 思惟觀察할지니라.

청화 큰스님께서 친히 쓰신 보리방편문(금태대화상지음)

보리를 깨닫는 방편문

마음은 허공과 같을새, 한 조각 구름이나 한 점 그림자도 없이, 크고 넓고 끝없는 허공 같은 마음 세계를 관찰하면서 청정법신인 비로자나불을 생각하고, 이러한 허공 같은 마음 세계에 해와 달을 초월하는 금색광명을 띤 한없이 맑은 물이 충만한 바다와 같은 성품 바다를 관찰하면서 원만보신인 노사나불을 생각하며, 안으로 생각이 일어나고 없어지는 형체 없는 중생과 밖으로 해와 달과 별과 산과 내와 대지 등 삼라만상의 뜻이 없는 중생과 또는 사람과 축생과 꿈틀거리는 뜻이 있는 중생 등의 모든 중생들을 금빛 성품 바다에 바람 없이 금빛 파도가 스스로 뛰노는 거품으로 관찰하면서 천백억 화신인 석가모니불을 생각하고, 다시 저 한량없고 끝없이 맑은 마음 세계와 청정하고 충만한 성품 바다와 물거품 같은 중생들을 공과 성품과 현상이 본래 다르지 않은 한결같다고 관찰하면서 법신, 보신, 화신의 삼신이 원래 한 부처인 아미타불을 항시 생각하면서, 안팎으로 일어나고 없어지는 모든 현상과 헤아릴 수 없는 중생의 덧없는 행동들을 마음이 만 가지로 굴러가는 아미타불의 위대한 행동 모습으로 생각하고 관찰할지니라.

청화 큰스님께서 해설하신 보리방편문

순선안심법문純禪安心法門

현대는 바야흐로 고도의 정보화시대情報化時代입니다. 정보화 시대는 바로 문화文化의 시대를 의미하며 문화의 시대는 모든 것이 다양화多樣化되고 복잡다단複雜多端합니다. 그러므로 동시에 그러한 다양화多樣化를 종합시킬 수 있는, 통합시킬 수 있는 지혜가 꼭 필요합니다. 그런데 부처님의 반야지혜般若智慧를 떠나서는 모든 다양화를 통일시키고 또는 종합 지양止揚시킬 수 있는 지혜智慧는 나올 수가 없습니다.

이 자리에는 대덕 스님들, 그리고 철학이나 종교 분야에서 훌륭한 조예를 가지고 계시는 석학碩學들도 많이 계십니다만, 우리 불자님들은 불교佛敎를 믿는다는 그 사실 하나만으로도 지극한 긍지를 느끼지 않을 수가 없습니다.

그런데 이렇게 위대한 부처님의 가르침이 오랫동안 역사적인 시련을 거쳐오면서 많은 부분이 왜곡歪曲되었습니다. 특히 우리 한국사회에서는 여러분들도 잘 아시는 바와 같이 고려시대高麗時代에 한동안 중국과 문화교류가 되어서 그 당시에 중국에서 성행하던 임제종臨濟宗 계통의 불법佛法이 들어와 많은 발전을 하였으나 그 이후에 조선시대朝鮮時代에 와서는 불법佛法의 교류가 거의 없었습니다. 그렇기 때문에 고려 때 받아들인 임제종臨濟宗 계통의 불법佛法으로 해서 조선 5백 년 동안에 굳어 버렸습니다. 다시 말하면 참신한 발전을 하지 못한 것입니다. 그렇다고 볼 때 지금의 한국불교는 많은 문제점을 내포하고 있다고 할 수 있습니다.

그러한 것을 감안해 볼 때도 그렇고, 또 여러분들도 잘 아시는 바와 같이 지금 일본불교日本佛敎가 교학적敎學的으로 굉장히 발전을 하고 있습니다. 그래서 한국의 불교서적도 대체로 귀중한 문헌文獻들을 일본 사람들 것을 번역도 하고 재편집도 하는 경향이 있습니다.

그리고 남방불교南方佛敎는 근본불교根本佛敎, 이른바 소승불교권小乘佛敎圈이 되지 않겠습니까? 이 근본불교根本佛敎는 부처님의 금구직설金口直說로 해서 불성론佛性論이 되어 있다 하더라도 그 당시에 근기根機가 낮은 중생衆生들에게 설설說한 법문法門이기 때문에 현대와 같이 복잡한 문화를 수용受容할 수 있는 힘은 조금 미흡합니다.

따라서 그 후에 발전된 대승불교大乘佛敎, 물론 근본불교根本佛敎 속에 대승불교大乘佛敎가 다 잠재적潛在的으로는 포함되어 있습니다만, 아무튼 소승小乘, 대승大乘을 총망라한 불법佛法이 아니고서는 현대의 정보화시대情報化時代에 적응하기가 어렵게 되었습니다.

그래서 오늘 이 순선법회純禪法會에서 말하고 싶은 요지要旨도 "부처님의 순수한 뜻이 어디에 있는 것인가" 하는 것입니다.

특히 이것은 순선純禪이니까 순수한 선禪이라는 뜻이 되겠지요.

순수한 선禪이란 달마 대사達磨大師로부터 육조혜능六祖慧能 스님에 이르기까지의 선禪을 말합니다. 사실 달마達磨 이전이라든가 또는 그 이후라든가 선종禪宗이라는 종파宗派로 분립分立된 것은 북송北宋 때 이후의 일입니다.

그렇기 때문에 "달마達磨 스님 때부터 육조혜능六祖慧能 스님까지는 어떻게 참선을 했던가", 또는 "부처님의 정법正法이 나변那邊(어디)에 있는 것인가", 이러한 문제를 참구參究해 보는 것은 우리 불자들로서는 놓쳐서는 안 될 일이라고 생각되었기 때문에 순선법회純禪法會라고 명명命名을 하였습니다.

차례

I

삼신일불三身一佛

I 삼신일불三身一佛

<요략要略 1>

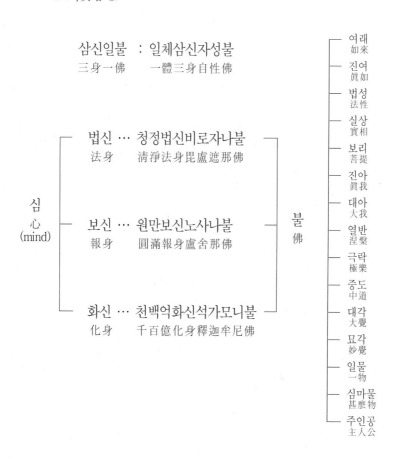

삼신일불 : 일체삼신자성불
三身一佛 　 一體三身自性佛

법신 ⋯ 청정법신비로자나불
法身 　 清淨法身毘盧遮那佛

심
心
(mind)

보신 ⋯ 원만보신노사나불
報身 　 圓滿報身盧舍那佛

불
佛

화신 ⋯ 천백억화신석가모니불
化身 　 千百億化身釋迦牟尼佛

여래
如來

진여
眞如

법성
法性

실상
實相

보리
菩提

진아
眞我

대아
大我

열반
涅槃

극락
極樂

중도
中道

대각
大覺

묘각
妙覺

일물
一物

심마물
甚麽物

주인공
主人公

삼신일불三身一佛이라, 대승불법大乘佛法이 아니면 이 삼신일불三身一佛이란 말은 없습니다. 부처님의 정통조사正統祖師 가운데서도 12대 조사가 마명 대사馬鳴大師인데 마명 대사馬鳴大師는 굉장히 위대한 분입니다. 대체로 정통조사正統祖師는 가섭迦葉 존자로부터 육조혜능六祖慧能 스님까지 33조사인데 이분들은 부처님의 가르침을 온전히 깨닫고 온전히 일반 중생衆生들에게 가르치신 어른들입니다.

그분들 중에서도 특히 12대 조사祖師인 마명 대사馬鳴大師는 『대승기신론大乘起信論』이라는 책을 저술著述했습니다. 이 책은 제목 그대로 대승大乘의 신앙심信仰心을 일으키는 가르침으로서 굉장히 중요합니다. 가령 부처님의 일대시교一代時敎라든가, 부처님의 전기傳記라든가, 이러한 것도 역시 마명 대사馬鳴大師께서 한 것을 다 표준標準으로 하고 있습니다.

마명 대사馬鳴大師는 굶주린 말들에게 말이 제일 좋아하는 먹이를 주면서 동시에 부처님의 법문法門을 설법說法하면 그 말들이 자기 먹이를 먹지 않고 눈물을 뚝뚝 흘리면서 그 법문法門을 들었다고 해서 마명 대사馬鳴大師라 했다는 것입니다.

그리고 마명 대사馬鳴大師가 인도印度의 왕사성王舍城에 머물 때 몸소 악사樂士들과 어울려 가곡歌曲을 연주하며 무상無常한 이치를 가르쳐서 성안의 5백 왕자를 한꺼번에 출가出家시켰다는 일화逸話도 있습니다. 그렇게 위대한 분입니다.

아무튼 마명 대사馬鳴大師로부터 대승불교大乘佛敎의 시초체계始初體系가 이루어져서 그 뒤에 14대 조사祖師 용수 보살龍樹菩

薩, 15대 조사祖師 제바 보살提婆菩薩, 21대 조사祖師 바수반두 세친 보살婆藪槃頭世親菩薩, 이런 분들로 해서 대승불교大乘佛教의 체계體系가 굳건히 확립되었습니다.

이 삼신일불三身一佛사상은 대승불법大乘佛法에서만 있는 것으로서 불교의 가장 근원적根源的인 신조信條입니다.

삼신일불 일체삼신 자성불三身一佛一體三身自性佛이라, 삼신일불三身一佛이란 말 그대로 이것은 원래 세 몸이 있는 것이 아닙니다. 오직 한 분의 부처님인데 부처님께서 갖추고 있는 공덕상功德相이 무량무변無量無邊하기 때문에 삼차원三次元으로 구분해서 말씀을 하신 것입니다. 그리고 일체삼신 자성불一體三身自性佛이라, 자성불自性佛이란 무엇인가 하면 그 부처가 우리 마음 밖에 따로 있는 것이 아니라 바로 우리 자성自性, 우리 인간성의 본래면목本來面目인 것입니다.

우리가 불교를 공부할 때는 꼭 그 인간성의 본래면목本來面目과 또는 부처님과 둘이 아니라는, 이른바 심즉시불心則是佛이라는 도리道理를 명념明念하고 부처님 공부를 하셔야 됩니다.

삼신三身이란 법신法身, 보신報身, 화신化身을 말하는데 이 삼신三身에 대해 역대 훌륭한 분들이 논쟁도 많이 해서 구구區區하지만 가장 쉽고도 적합한 비유譬喩가 『논장論藏』에 있습니다. 가령 달이 있다고 할 때 법신法身은 달 전체에 해당하고 보신報身은 달빛에 해당하며 화신化身은 달 그림자에 해당합니다.

<요략要略 1>을 보면 우리의 마음, 이 마음 심心자가 삼신三身 앞에 있고, 또 삼신三身 저 옆쪽으로 가면 부처 불佛자가 있

습니다. 이것은 우리의 마음과 부처가 둘이 아니라는 뜻입니다.

보통은 이런 관계에 대해서 상당히 의단疑端도 느낄 수가 있을 것이고, 또 스스로 납득納得하기 어려울 수가 있을 것입니다. 그래서 조금 더 부연 설명敷衍說明을 드리자면 우리 마음은 분명히 있기는 있지 않습니까? 데카르트가 말한 바와 같이 "나는 생각한다. 고로 나는 존재存在한다"고 합니다. 이와 마찬가지로 우리가 지금 사유思惟하고 생각하므로 분명히 마음은 있는 것입니다.

그러나 이 마음이라는 것은 아무리 찾을래도 그 모양이 없고 모양이 없으므로 자취가 없습니다. 부처님 가르침의 8만4천 법문法門은 모두가 다 이 마음을 밝히는 가르침입니다. 다시 말해서 "마음을 어떻게 닦을 것인가. 그래서 어떻게 온전히 본래本來의 마음자리로 돌아갈 것인가" 하는 가르침인 것입니다.

그런데 이 마음이란 것은 앞서 말씀드린 바와 같이 있기는 분명히 있지만 그 자취가 없어서, 불교 말로 표현하자면 이른바 상相이 없어서 어떻게 잡을 수가 없고 느낄 수가 없습니다. 또한 모양도 없고 모양이 없기 때문에 이름도 없습니다.

그럼 부처란 무엇인가. 소승불교小乘佛敎에서는 석가모니釋迦牟尼 부처님만이 부처라고 말합니다. 그러나 대승불법大乘佛法에서는 석가모니釋迦牟尼 부처님이 출현出現하시고 안 하시고와 상관없이 과거過去나 현재現在나 미래未來에 영원히 존재存在하는 생명生命 자체自體, 인생과 우주宇宙의 모든 존재存在의 본질적本質的인 생명生命 자체가 부처라고 봅니다. 이와 같이 불교는 생명生命이 따로 있고, 또는 어떠한 자연自然이 따로 있다고 보지 않고 자연 자체가 하나의 생명生命이며 어느 것도 다 생명生命이라고 봅니다.

석가모니釋迦牟尼 부처님 같은 부처님은 역사적歷史的인 부처님인지라 그 당시 계신 분들은 분명히 다 보셨겠지요. 그러한 기억이 있으므로 우리가 그대로 시인是認하게 됩니다. 그러나 법신法身 부처님은 석가모니釋迦牟尼 부처님이 출현出現하시고 안 하시고와 상관없이 불교 말로 무시이래無始以來로, 즉 끝도 가도 없는 과거로부터, 또한 무시무종無始無終으로, 즉 미래에도 한도 끝도 없는 때에 이르기까지 존재하는 부처님인지라 우리가 알 까닭이 없는 것입니다.

그러한 부처님이 이른바 법신法身 부처님입니다. 바꾸어서 말하면 참 부처님인 것입니다. 석가모니釋迦牟尼께서도 그러한 영생永生 부처님을 깨달아서 화신化身 부처님으로 부처가 되셨습니다. 우리 중생衆生도 마찬가지입니다. 앞서 말씀드린 바와 같이 가섭迦葉 존자로부터 육조혜능六祖慧能 스님까지 33조사祖師도 모두가 다 그러한 법신法身 부처님을 깨달으신 분들입니다.

그 외에 다른 도인道人들도 역시 마찬가지지만 부처님 가르침은 심수오묘深邃奧妙해서 도인道人이 되었다고 해도 바로 성불成佛하는 것은 아닙니다. 설사 견성오도見性悟道해서 법성法性, 불성佛性을 봤다 하더라도 보임수행保任修行을 해서 오랫동안 익혀온 습관성習慣性을 없애야 비로소 성불成佛했다고 할 수 있습니다. 다시 말해서 삼매三昧에 들어 견성見性해서 불성佛性을 본

뒤에도 그 불성佛性에 입각해서 또 닦아야 하는 것입니다.

그래야 무시습기無始習氣라, 즉 과거 무량 세월 동안 우리 잠재의식潛在意識 속에서 익혀 내려온 습관성習慣性을 없애야 합니다. 그렇게 되었을 때 비로소 참다운 부처님 공덕功德이 나오는 것입니다. 그렇지 못하고 견성見性한 분들은 분명히 불성佛性을 봤지만 그러한 정도로 해서는 부처님께서 갖추고 있는 무량공덕無量功德을 발휘할 수가 없습니다.

원래 불성공덕佛性功德은 한도 끝도 없는 것인데 간추리면 삼명육통三明六通 아닙니까? 지금 어떤 분들은 삼명육통三明六通하면 "아! 그러한 것은 말변末邊 사람 외도外道나 하는 것이다" 이렇게 간단히 생각합니다. 그러면 그때는 방불謗佛이 됩니다. 다시 말해서 부처님 법法을 비방하는 허물을 범하게 되는 것입니다.

삼명육통三明六通이라는 말이 『아함경阿含經』에만 보더라도 수십 군데가 넘게 나오는데 그러한 말을 부인否認해 버리면 그때는 부처님을 비방하는 결과가 됩니다. 그 부처님도, 법신불法身佛도 역시 앞서 말씀드린 바와 같이 분명히 위대한 성인聖人들이 말씀을 다 해주셨으므로 분명히 존재存在한다고 믿어야 합니다.

믿음이라는 것은 눈에 보이는 것만 믿는다면 진정한 믿음이 못 됩니다. 눈에 보이는 것은 누구나 다 경험經驗하고 믿게 되지만 눈에 보이지 않는 세계, 이른바 형이상학적形而上學的인 세계는 중생衆生 차원에서는 믿기가 어렵습니다. 그러나 불교를 경험적經驗的인 차원에서만 생각하면 그것은 불법佛法이 못 됩니다. 영생불멸永生不滅한 형이상학적形而上學的인 문제가 거기에 들어가야 비로소 참다운 불법佛法이 되는 것입니다. 근원적根源的인 문제는 다 그렇습니다.

현상적現象的인 상相은 상대유한적相對有限的이기 때문에 경험적經驗的이지만 절대적絶對的인 문제, 즉 경험적經驗的인 것보다 더 본질적本質的인 문제는 물질物質이 아니기 때문에 우리 중생衆生이 알 수가 없습니다. 이른바 성품性品이라는 것은 알 수가 없는 것입니다.

종밀 선사宗密禪師라든가, 또는 보조 국사普照國師라든가 그러한 분들께서는 "대승大乘의 신앙信仰은 체용성상體用性相이라, 체용성상體用性相을 제대로 알아야 비로소 대승신앙大乘信仰이 된다" 이런 말씀을 했고, 『화엄경華嚴經』이나 또는 『법화경法華經』에서도 그러한 의미意味로 해서 말씀을 많이 했습니다.

그렇다면 체용성상體用性相이란 과연 무엇인가, 이런 것이 중요한 문제이기 때문에 조금 더 부연 설명敷衍說明을 드리자면 이 우주宇宙의 본체本體가 이른바 몸 체體자, 체體에 해당합니다. 다시 말해서 형이상학적形而上學的인 생명生命의 본바탕이 됩니다. 그리고 우리 중생들이 경험할 수 있는 현상적現象的인 이 삼천세계三千世界, 즉 상대유한相對有限 세계가 체體에 대립하는 상相에 해당합니다. 따라서 우리 불교공부는 상相을 떠나서 본체本體로 돌아가는 공부입니다.

또는 성상性相이라, 그 본체本體의 체體가 바로 모든 존재의 성품性品에 해당합니다. 따라서 이른바 생명적生命的으로 말할 때는 성품性品이라고 본체本體를 그렇게 말하지요.

간추려서 말하자면 체용성상體用性相이란, 이 우주의 형이상학적形而上學的인 생명의 본바탕이라는 측면에서 볼 때는 체體와 용用이라 하고, 성품性品을 본질本質로 말할 때는 성상性相이라 그럽니다. 이것을 현대철학적現代哲學的인 술어述語로 바꾸어 말하면 절대絕對와 상대相對가 됩니다. 그리고 성리학性理學에서 말하는 이理와 기氣는 불교의 체體와 용用, 성性과 상相과 대비對比해서 얘기할 수 있습니다.

따라서 법신불法身佛 이것은 본체本體나 우주宇宙의 성품性品이기 때문에 우리가 경험할 수 없는 세계입니다. 다만 깨달은 선승禪僧들로 해서 그분들의 가르침을 우리가 믿고 따르는 것입니다. 그렇기 때문에 어떠한 것이나 불교신앙佛敎信仰은 모두가 다 우리가 느끼지 못하는 분야, 즉 생명의 본바탕을 먼저 믿어야 합니다

그러기에 신심보장제일법信心寶藏第一法이라, 이것은 믿음이라는 것은 보배 가운데서 제일법第一法이라는 말입니다. 따라서 우리가 경험하지 않은 세계를 우선 믿어야지 그러한 믿음이 없으면 그때는 신앙信仰이 못 됩니다. 그 믿음 가운데서도 부처님을 우리 마음 밖에다 설정設定할 때는 이것은 방편적方便的인 믿음에 불과하며 참다운 믿음이 되지 못합니다.

다시 말하면 "내 마음의 본성本性이 바로 부처이고 우주만유宇宙萬有의 모든 존재存在의 근본적根本的인 생명生命의 본바탕 그 자리가 바로 부처다" 이렇게 믿어야 비로소 대승적大乘的인 믿음이 되는 것입니다.

그래서 법신法身을 구체화시키면 청정법신 비로자나불淸淨法身毘盧遮那佛이라, 조금도 번뇌煩惱의 때가 없는 청정淸淨한 진리眞理의 몸이 법신法身이라는 뜻입니다. 비로자나불毘盧遮那佛이란 인도의 범음梵音인데 이것은 어떤 뜻이냐 하면 광명변조光明遍照라, 광명光明이 우주宇宙에 끝도 가도 없이 있다는 말입니다. 다시 더 쉽게 풀이하면 청정淸淨하고 조금도 번뇌煩惱의 때가 없는 진리眞理의 몸이 우주에 끝도 가도 없이 무변무량無邊無量하게 광명光明으로 충만充滿되어 있는 부처라는 뜻입니다. 그래서 앞서 말씀드린 바와 같이 이 법신法身을 달로 비유하면 달 전체에 해당합니다.

다음은 보신報身이라, 보신報身이란 무엇이냐 하면 법신法身 속에 들어있는 모든 성품性品의 공덕功德을 말합니다. 그래서 원만보신 노사나불圓滿報身盧舍那佛이라, 지혜智慧나 자비慈悲나 능력能力이나 행복幸福이나 어떠한 것이나 다 원만구족圓滿具足해서 이것도 역시 끝도 가도 없이 충만充滿해 있는, 조금도 흠절欠節이 없는 부처님이라는 뜻이 원만보신 노사나불圓滿報身盧舍那佛입니다.

그 다음은 화신化身이라, 화신化身 이것은 법신法身과 보신報身을 근거根據로 해서 이루어지는 모양을 현상계現象界에 나툰 몸을 말하는데 소승불교小乘佛敎에서는 석가모니釋迦牟尼 부처님만이 화신化身이다고 봅니다. 그러나 대승불법大乘佛法은 그렇지가 않습니다. 물론 석가모니釋迦牟尼 부처님도 화신化身이지만 우리 인간존재 모두가 다 화신化身이라고 보며, 또한 인간존재뿐만 아니라 이 자연계 모두가 다 화신化身이라고 봅니다.

다시 말하면 은하계銀河系나 태양계太陽系나 하늘에 있는 무수한 별들이나 모두가 다 화신化身이고 이 자연계 그대로가 다 화신化身이라고 보는 것입니다. 그 수가 하도 많으므로 우선 상징적象徵的으로 표현해서 천백억화신 석가모니불千百億化身釋迦牟尼佛이라 하였습니다. 화신化身은 이와 같이 많다는 뜻입니다.

그런데 우리 불교에서는 이러한 것들이 모두 다 일체유심조一切唯心造라고 말합니다. 다시 말하면 법신法身이나 보신報身이나 화신化身이 모두가 다 우리 마음에 달렸다고 보는 것입니다. 마음이란 순수생명純粹生命입니다.

또는 법신法身이나 보신報身이나 화신化身은 따로따로 있는 것이 아니라 모두가 다 물질物質이 아닌 마음이기 때문에 한계限界를 지어서 얘기할 수가 없습니다. 물질物質이 아닌 것은 시간성時間性도 공간성空間性도 없습니다. 따라서 법신法身이나 보신報身이나 화신化身도 그 공덕功德의 성품性品에 대해서 잠시간 우리 중생衆生들의 이해를 돕기 위해서 구분한 것이지 본래 세 몸이 뿔뿔이 따로 있지 않습니다. 그러기에 삼신일불三身一佛인 것입니다.

마음과 부처님은 온전히 하나인데, 다만 개인적個人的인 우리 마음은 중생심衆生心입니다. 따라서 중생심衆生心 이것은 본래本來의 마음이 아닙니다. 이 우주가 모두가 다 진여실상眞如實相뿐인데 우리가 진여실상眞如實相을 제대로 보지 못함으로써 나라는 아我를 느끼고 너라는 상相을 느끼게 됩니다. 다시 말해서 일체一切 존재에 관해서 상대유한적相對有限的이고 현상적現象的인 분별시비分別是非를 느끼는 것입니다. 이해理解하고 분별分別하고 그러한 것이 우리가 쓰는 마음, 이른바 중생심衆生心인 것입니다. 따라서 우리 마음 이것은 본래本來의 마음이 아닙니다. 그러나 비록 중생심衆生心이라 하더라도 본래本來의 마음은 조금도 더럽혀지지 않았습니다.

우리 중생들은 과거 전생前生에 나쁜 일도 분명히 많이 했을 것이고 금생今生에 나와서는 나라는 관념觀念 때문에 나에게 이롭게 하면 탐심貪心을 내고 나에게 해롭게 하면 진심嗔心을 내고, 속인俗人들은 누구나 다 그렇습니다. 또 자기 기분이 나쁘면 벌컥 화를 내게 되고 자기 기분 내키는 얘기를 하면 그냥 마음이 풀리곤 합니다. 그러나 이러한 마음은 자기의 참 마음이 아니고 또 설사 그렇게 살았다 하더라도 그러한 것은 우리의 본래 마음자리인 불심佛心을 오염汚染시키지 못합니다. 설사 살인죄를 범했다 하더라도 그 사람 마음도 역시 석가모니釋迦牟尼 부처님이나 달마達磨 스님의 마음과 똑같은 마음입니다.

우리는 이러한 한계限界를 분명히 알아야 됩니다. 잘 모르는 분들은 "내가 금생今生에 나와서 별로 배운 것도 없고 잘못 살았으니 내 불심佛心까지도 오염汚染이 되지 않았겠는가" 이렇게 비관적悲觀的으로 생각하게 되는데 결코 그렇지가 않습니다.

그러기에 불법佛法에서는 어떤 처지에 있든지 간에 진정으로 참회懺悔하면 순식간에도 성불成佛을 이룰 수가 있습니다. 이와 같이 대자유로운, 어느 때나 우리가 성불成佛로 비약飛躍할 수 있는 것이 그야말로 은혜로운 부처님의 가르침입니다.

그래서 마음과 부처 이것은 똑같은 우주宇宙의 생명生命인데 불경佛經에서 다르게 표현한 것을 보면 먼저 여래如來라, 진리眞理에서 바로 왔다고 해서 여래如來라 합니다.

또는 진여眞如라, 영원히 변치 않는 참다운 진리眞理라고 해서 진여眞如라 합니다.

또는 법성法性이라, 우주의 모든 법도法道나 모든 이치理致나 그러한 것의 본성품本性品이라는 뜻으로 법성法性이라 합니다.

또는 실상實相이라, 이것은 우주의 참다운 모습을 말합니다. 우리 중생 차원에서는 실상實相을 보지 못하고 성자聖者의 밝은 눈, 즉 견성오도見性悟道해서 모든 것의 실상實相을 본, 불성佛性을 본 분이라야 비로소 실상을 알 수 있는 것입니다. 그러므로 우리가 보는 것은 다 가상假相이고 망상妄相입니다. 따라서 우리 중생들은 가상假相이나 망상妄相을 보고서, 즉 허망상虛妄相을 보고서 괜스레 탐심貪心을 내고 진심瞋心을 내는 것입니다. 업장業障이 무거우면 그러한 정도가 더욱 더 심각하겠지요.

다음은 보리菩提라, 보리菩提는 참다운 지혜智慧, 즉 참 지혜를 말하며 참 지혜는 실상지혜實相智慧입니다. 형이상학形而上學과 형이하학形而下學을 모두 다 통달한 지혜智慧가 보리菩提인 것이지 그냥 이치로 불경佛經을 많이 안다고 해서 보리菩提가 되는 것은 결코 아닙니다.

다음은 진아眞我라, 진아眞我는 참 나를 뜻하는 말로서 이것도 역시 불성佛性을 깨달은 나라는 뜻입니다.

다음은 대아大我라, 이것은 진아眞我나 똑 같은 뜻입니다. 우주 내의 어느 것도 진아眞我나 대아大我 가운데 들지 않는 것이 없습니다. 그러한 면에서 볼 때 "아, 내 마음은 지금 내 두뇌頭腦나 심장心臟에 가 있을 텐데 어떻게 그럴 것인가", 이렇게 생각할 수 있습니다. 그러나 마음이라는 것은 모양이 없어서 우리 심장心臟이나 뇌세포腦細胞에 국한局限되어 있지가 않습니다. 또한 모양이 없기 때문에 김씨金氏 마음이나 박씨朴氏 마음이나 어느 누구의 마음이나 허공虛空과 같이 무량무변無量無邊해서 우주宇宙를 다 감싸고 있습니다.

따라서 우리 마음들은 모두가 다 무한히 동심원同心圓입니다. 이것은 원圓의 중심中心은 다 똑같다는 말입니다. 다만 얼마만큼 마음이 넓고 좁은가의 차이가 있을 뿐인데 마음이 넓은 분들은 그때는 성자聖者의 마음인지라 끝도 가도 없이 우주宇宙를 다 무량무변無量無邊하게 감싸게 되고 마음이 조금 덜 넓은 사람들은 같은 원圓 가운데서도 조금은 협소狹小하겠지요. 그리고 개나 소나 그러한 존재存在의 마음은 우리 인간보다도 훨씬 더 원圓의 반경半徑이 좁을 것입니다. 그러나 결국 일체一切 존재는 모두가 다 동심원同心圓입니다.

다음은 열반涅槃이라, 열반涅槃은 모든 번뇌煩惱가 다 소멸消滅되었다는 뜻입니다. 따라서 번뇌煩惱가 다 소멸消滅되었으므로 그때는 무상無上, 즉 위없는 영생永生의 행복이 되어야겠지요.

다음은 극락極樂이라, 다시없는 행복이라는 뜻으로 극락極樂이라 합니다.

다음은 중도中道라, 어디에도 치우지지 않고 유有나 공空을 다 초월超越한 참다운 진리라는 뜻으로 중도中道라 합니다.

다음은 대각大覺이라, 큰 깨달음이라는 뜻으로 대각大覺이라 합니다.

다음은 묘각妙覺이라, 심심미묘甚深微妙한 깨달음이라는 뜻으로 묘각妙覺이라 합니다.

다음은 일물一物이라, 이것은 오직 하나의 진리眞理라는 뜻입니다. 불교를 공부할 때는 오직 하나의 진리眞理인 그 자리를 꼭 명심해야 됩니다. 이것이 있고 저것이 있는 것이 아닙니다. 중생의 차원에서 상대유한적相對有限的인 상相으로 보기 때문에 만물萬物이 있는 것이고 무수無數한 존재의 차이가 있는 것이지 본래本來의 성품性品으로 볼 때는 오직 하나의 진리眞理인 것입니다. 따라서 이때는 하나님이라 해도 무방합니다. 하나님은 원래 기독교基督敎에서 나온 것이 아닌데 그네들이 총명聰明해서 하나님을 자기들 것으로 만들어 버려서 우리가 지금 혼돈混沌을 일으키는 것입니다. 부처님께서 말씀하신 하나의 진리眞理라는 뜻으로 하나님을 해석하면 좋을 텐데 지금 기독교基督敎 일반에서는 그렇게 생각하지 않는 것 같아요. 그래서 문제가 생기는데 예수님은 불교佛敎와 같이 바르게 해석解釋했다고 저는 생각하는 사람입니다. 바이블을 좀 공부해 보고 또는 기독교基督敎 신학神學을 공부한 사람들은 그러한 것을 금방 느낄 수가 있을 것입니다.

다음은 심마물甚麼物이라, 심마甚麼 이것은 '무엇'이란 뜻입니다.

종국終局에 이것은 하나의 의미意味인데 우리가 아직 잘 모르는 것이므로 부처님을 '그 무엇'이라고도 표현할 수가 있겠지요.

다음은 주인공主人公이라, 이것은 우리의 참다운 생명生命이라는 뜻입니다. 우리가 느끼는 김 아무개, 박 아무개 그러한 것은 자기의 참다운 생명生命이 못 됩니다. 다시 말해서 이것은 하나의 가짜인 것입니다. 그래서 먼저 자기 자신을 알아야 하는데 우리 중생衆生들은 자신을 잘 모릅니다.

금생今生에 나와서 학교에 다니고 경우에 따라 조금 알아서 이것 저것 경험經驗을 축적蓄積하고, 이른바 이론이성理論理性의 범주範疇 내에서 조금 알았다는 것으로 해서 많이 안다고 생각하게 됩니다. 그러나 이것은 참답게 아는 것도 아니고 또 이러한 것으로 해서는 주인공主人公이 못 됩니다. 앞서 말씀드린 바와 같이 참다운 생명 자체, 이른바 견성見性해서 진여불성眞如佛性을 그대로 체험體驗해야 비로소 참 자기가 되는 것입니다. 그렇기 때문에 성자聖者가 아닌 사람은 모두가 다 참 자기가 못되었습니다. 가짜 가지고 나라고 생각하고 좋다고 생각하고 슬퍼하고 남을 미워하고 사랑하는 것입니다.

삼신일불三身一佛은 『육조단경六祖壇經』에도 나와 있습니다. 『육조단경六祖壇經』은 참선參禪의 교과서와 같은 것으로서 물론 그 가운데 문제가 되는 대목도 많이 있습니다. 그래서 후대인後代人들이 보태고 깎고를 했습니다만 그래도 그 핵심核心은 깎고 보태고를 안 했습니다.

이 『육조단경六祖壇經』의 가장 핵심核心이 무엇이냐 하면 삼보三寶에 귀의歸依하고, 삼신일불三身一佛에 귀의歸依하고, 사홍서원四弘誓願에 귀의歸依하고, 또는 반야바라밀般若波羅蜜을 말씀하시는 것입니다. 그러한 대목은 조금도 가감이 되지 않았습니다.

그 핵심 가운데서도 가장 핵심이 되는 내용이 바로 이 삼신일불三身一佛입니다. 우리 불교인들이 불타관佛陀觀, 즉 "불타佛陀가 무엇인가", "부처가 무엇인가" 하는 문제를 모르고서 부처를 믿는다고 할 수가 있겠습니까? 이것은 우리 불교인들이 꼭 아셔야 됩니다. 그래서 자기와 부처, 또는 일체만유一切萬有와 부처, 그러한 것에 대한 관계를 확연히 해득解得했을 때 비로소 참다운 대승적大乘的 신앙信仰이 나옵니다.

II
삼위일체三位一體

II 삼위일체三位一體

<요략要略 2>

삼위일체(trinity) ··· 그리스도교의 정통신조
三位一體

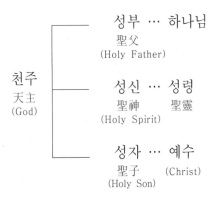

천주
天主
(God)

성부 ··· 하나님
聖父
(Holy Father)

성신 ··· 성령
聖神　　聖靈
(Holy Spirit)

성자 ··· 예수
聖子　(Christ)
(Holy Son)

※ 서기 325년 니케아(Nicaea) 공의회에서 정통신조로 확정.

기독교基督敎의 삼위일체三位一體라, 이것도 굉장히 중요합니다. 이것은 서기 325년에 니케아공의회에서 콘스탄티누스 대제가 각 주교主敎들과 모여서 기독교基督敎의 정통신조正統信條로 확정한 것입니다.

　　삼위三位란 수치는 종교宗敎나 철학적哲學的으로는 매우 중요한 의미意味를 가지고 있습니다. 우리가 변증법辨證法을 이야기할 때도 정반합正反合이라고 그렇게 하지 않습니까. 그런데 이것은 기독교基督敎의 정통신조正統信條인데 여기에 대해 구태여 제가 내놓은 이유가 무엇이냐 하면 기독교基督敎 가르침의 핵심核心과 불교佛敎 가르침의 핵심核心이, 물론 체계體系로 볼 때는 부처님 가르침에 어림도 없겠지만 적어도 기본 정신만은 같다고 생각하기 때문입니다.

　　그리고 중세기中世紀의 아우구스티누스라든가, 또는 니콜라우스 쿠자누스라든가, 또는 에리우게나, 그러한 분들은 중세中世 신학자神學者로는 위대한 분들인데 그분들은 대체로 범신론적汎神論的인 사상思想을 가졌습니다. 따라서 지금의 기독교基督敎와는 차이가 있습니다. 그러한 분들이 주교主敎가 되고 추기경樞機卿이 되었으므로 그분들 생전生前에는 비판批判을 못했지만 죽은 뒤에는 이단異端으로 몰렸습니다. 이와 같이 위대한 기독교基督敎 신학자神學者들은 모두가 다 결국은 불교佛敎와 비슷한 사상思想을 가졌던 것입니다.

　　불교佛敎는 철학적哲學的으로 말하면 범신론汎神論이 됩니다. 다시 말해서 일체一切 존재存在가 신神이고 부처인 것입니다. 따라서 기독교의 성부聖父, 성신聖神, 성자聖子는 불교佛敎의 법신法身, 보신報身, 화신化身과 대비對比해서 얘기할 수가 있습니다.

성부聖父는 하나님 아닙니까. 그러므로 성부聖父는 법신法身에 비교해서 얘기할 수가 있고, 성신聖神은 성령聖靈을 말하는데 그 성신聖神에 깃들어 있는, 우주宇宙에 깃들어 있는 신성神聖한 영적靈的 존재를 말합니다. 따라서 보신報身에 대비對比할 수가 있고, 또 성자聖子는 예수를 성자聖子라고 하는데 불교에서는 석가모니釋迦牟尼 부처님이 화신化身 아닙니까. 따라서 성자聖子는 불교佛敎의 화신化身과 대비對比해서 얘기할 수 있습니다.

다만 차이가 무엇이냐 하면 앞서도 말씀드린 바와 같이 소승불교小乘佛敎에서는 "화신化身은 석가모니釋迦牟尼 부처님뿐이다" 이렇게 되어 있으며, 대승불교大乘佛敎에 있어서 비로소 "화신化身은 누구나가 다 본래本來로 화신化身이고 일체존재一切存在가 다 화신化身이 아님이 없다" 이렇게 되어 있습니다. 그래서 기독교基督敎의 삼위일체三位一體도 역시 "성자聖子는 예수뿐이다" 이렇게 하는 것은 마치 소승불교小乘佛敎에서 "화신化身은 석가모니釋迦牟尼 부처님뿐이다"라고 하는 것과 비슷합니다.

그렇기 때문에 가히 우리가 나무랄 것은 없는데 『요한복음』이나 『마태복음』 등을 보면 "그대들은 하늘에 계신 그대들의 아버지처럼 완전한 사람이 되어라" 그러한 대목이 있습니다. 다시 말하면 예수만 하나님의 아들이 아니라 모두가 다 하나님의 아들이라는 대목이 한두 군데가 아닙니다. 그렇다고 볼 때 예수의 가르침 가운데는 소승적小乘的인 분야分野도 있지만 또한 대승적大乘的인 분야分野도 있습니다. 따라서 관용적寬容的으로 포섭包攝하는 의미意味에서 생각할 때는 역시 예수의 본 뜻은 예수 자신만이 하나님의 아들이 아니라 모두가 다 하나님의 아들이요 딸이요, 또는 자연계自然界도 하나님의 아들이요 딸이요, 그렇게 했다고 생각합니다. 그렇게 생각할 때는 불교佛敎의 삼신일불三身一佛과 기독교基督敎의 삼위일체三位一體가 별로 다를 것이 없다고 할 수 있습니다.

제가 구태여 불교佛敎의 삼신일불三身一佛과 기독교基督敎의 삼위일체三位一體를 이렇게 내놓은 이유가 무엇이냐 하면 기독교基督敎와 불교佛敎가 본래本來는 같은 것이다 하는 것에 의미부여意味附與를 하기 위해서 내놓은 것만은 아닙니다.

제 뜻은 앞서 말씀드린 바와 같이 지금은 다양화시대多樣化時代입니다. 현재 기독교基督敎 인구가 20억億이나 되는데 이렇게 많은 인구를 우리가 적敵으로 여기고 "저들은 이단異端이다. 사탄이다" 이렇게 몰아붙이면 어떻게 되겠습니까. 이루어지는 것은 종교전쟁宗敎戰爭뿐일 것입니다. 그렇지 않아도 한국에서만 보더라도 얼마나 대립對立이 심합니까. 그런데 그러한 것이 우리 불교인들이 적어도 기독교基督敎의 신학神學 정도는 알고, 또는 4대 공관복음서를 몇 번이나 보고서 그들을 비판批判하면 좋을 텐데 한 번도 안 본 사람들이 함부로 비판批判을 합니다. 그것은 곧 망언妄言입니다. 기독교인들도 반야심경般若心經 한 편이라도 제대로 이해한 사람들이 불교를 비판하면 모르겠지만 사실은 그렇지가 못합니다.

미국에서 제가 봤습니다마는 여호와의 증인, 그 사람들이 우리 절까지 들어왔습니다. 아주 원숙한 미국 사람인데 보살菩薩하고, 아주 어여쁜 아가씨하고, 또 남자하고 셋이서 들어와서 처음에는 다른 말이 전혀 없어요. 아주 순탄한 대화對話만 나눕니다. 그러다가 차츰차츰 자기들 본색을 드러내다가 나중에는 여호와의 증인에서 불교佛教를 비판한, 그것도 영어로 된 것이 아니라 한글로 된 불교佛教를 비판한 책을 우리 앞에 내놓았습니다. 그걸 보니까 웬만한 불교인들보다도 불교佛教 연구研究를 더한 것 같았습니다. 그러나 가장 중요한 점에 있어서는 그들이 오류誤謬를 범했습니다.

사실 그들이 반야심경般若心經 한 편이라도 제대로 봤다면 불교佛教를 비판할 까닭이 없습니다. 그러나 그렇지 못하고 다만 자기들 교리教理와 어긋나는 대목만을 추려가지고 보니까 그것이 문제가 되겠지요. 우리가 남을 비판批判할 때는 꼭 그것에 대해서 잘 알고 비판批判해야 올바른 비판批判이 됩니다. 그렇지 않으면 그때는 비판도 뭣도 아니라 단순한 논쟁論爭거리밖에는 안 되는 것이고 비방誹謗이 됩니다.

그래서 앞서 말씀드린 바와 같이 제가 이와 같이 삼위일체三位一體를 구태여 여기에 내놓은 것은 예수의 본 뜻은 부처님 뜻과 별로 다름이 없다고 생각하기 때문에 그런 것이고 사실로 그렇게 느꼈습니다.

가령 여기서 철학哲學을 공부하신 분들은 아시겠지만 에크하르트는 중세기中世紀 독일 사회에서 가장 위대한 신비적神秘的인

철학자哲學者라고 말합니다. 사실 기독교나 불교나 신비적神秘的인 직관直觀을 무시하면 그때는 형이상학적形而上學的인 문제를 무시한 것이나 마찬가지입니다. 신비적神秘的인 직관直觀은 우리가 꼭 들어가야 됩니다. 불교 말로 하면 깊은 삼매三昧에 들어가야 합니다. 깊은 선정禪定에 들어가야 합니다. 그래야 우리의 근본 번뇌煩惱가 녹아들게 됩니다.

가령 우리가 염불念佛을 한다 하더라도 염불念佛을 오랫동안 하다 보면 그때는 무념無念이 됩니다. 주문呪文도 마찬가지입니다. 화두話頭도 오랫동안 하다보면 결국에는 무념無念 상태가 됩니다. 무념無念이라는 것은 마음이 오직 하나로 통일되어서 다른 생각이 거기에 끼지 않는 것입니다. 따라서 무념無念 상태가 되어야 비로소 우리 마음이 온전히 맑습니다. 그래야 비로소 자기라 하는 아我를 떠납니다.

무념無念 상태가 되어서 깊은 삼매三昧에 들어야 비로소 방금 말씀드린 바와 같이 나라는 아我를 떠나고 또는 무슨 법法만이 옳다 하고 꼭 자기 법法만이 옳다 하는 도그마dogma, 이른바 교조주의敎條主義를 떠날 수 있습니다. 천박淺薄한 사람일수록 자기라는 아집我執이라든가, 또는 자기 것만이 옳다든가 그렇게 생각하는 것입니다. 그러나 그것은 법法의 당체當體를 못 봐서 그럽니다. 법法의 당체當體라는 것은 원래 자타시비自他是非가 없는 자리이기 때문에 법法의 당체當體를 제대로 봤을 때는 자기라는 아상我相도 낼 수가 없고, 내 것이라고 집착執着할 수도 없고, 또는 다른 것이라고 비방誹謗할 수도 없습니다. 왜 그러냐 하면 어떠한 것이나 본 성품性品에서 본다면 다 불법佛法이기 때문입니다.

우리 불자님들은 이러한 도리道理가 경험적經驗的인 세계와 다르기 때문에 이해하기가 굉장히 어려운 것입니다. 그러나 현대사회는 제가 말씀드린 그러한 도리道理를 모르고서는 바로 살 수가 없습니다.

여러분들의 아들이나 딸들 중에서도 어떤 이는 기독교基督敎를 믿고 어떤 이는 이슬람교를 믿고 그럴 수가 있겠지요. 중동에 가서 오래 있다 보면 그네들이 하도 그것을 믿으니까 틀림없이 이슬람교를 안 믿을 수가 없게 됩니다. 그렇다고 볼 때 우리들 아들이나 딸이나 또는 며느리나 사위가 다른 종교宗敎를 믿는다고 가정했을 때는 다른 종교宗敎를 이해하지 않으면 안 될 것입니다. 저는 미국에서 그런 사람들을 여러 명 봤습니다.

그런 의미意味에서 적어도 성자聖者라면 앞에서 말씀드린 불교의 가르침과 같이 그러한 방법으로 깨닫지는 않았다 하더라도 우주의 근본 생명자리인 진여불성眞如佛性의 자리, 이 자리를 깨달아야 비로소 성자聖者라고 할 수 있습니다. 우리가 성자라고 여기고 있는 공자孔子도 결국은 어떻게 깨달았든지 간에 우주의 당체當體, 생명의 본래면목本來面目자리인 불성佛性을 깨달은 분입니다. 소크라테스도 마찬가지입니다. 여러분들이 소크라테스의 사상이라든가 플라톤의 『대화편』 등의 저술著述을 본다면 불경佛經에서 말씀한 법문法門과 별로 큰 차이가 없다는 것을 알 수 있을 것입니다. 그런데 이른바 무위법無爲法이나 출세간법出

世間法이나 그러한 법법法에 있어서는 확실히 그네들은 아직은 부족합니다. 그러나 그분들은 분명히 우주宇宙의 근본적인 본성품本性品을 본 분들이라고 생각합니다.

따라서 우리는 그러한 성자聖者들의 가르침이라든가, 또는 키에르케고르나 칸트 등의 철인哲人들도 역시 위대한 선배로 생각을 하셔야 됩니다. 그분들의 가르침이 부처님의 가르침만큼 완벽하지는 못하다고 하더라도 참고로 할 점이 굉장히 많습니다. 앞서도 말씀드린 바와 같이 현상적現象的인, 상대유한적相對有限的인 차원次元에서는 차이가 있다 하더라도 근본 성품에 있어서는 모두가 다 하나의 생명生命인 것입니다.

III

연기법緣起法

III 연기법緣起法

<요략要略 3>

1. 업감연기 : 소승교 … 혹·업·고의 삼도전전 인과상속
   業感緣起　小乘教　　惑　業　苦　三道展轉　因果相續

2. 아뢰야연기 : 대승시교 … 종자장식
   阿賴耶緣起　大乘始教　　種子藏識

3. 여래장연기 : 진여연기 : 대승종교
   如來藏緣起　眞如緣起　大乘宗教

4. 법계연기 : 무진연기 : 원교
   法界緣起　無盡緣起　圓教

5. 육대연기 : 지·수·화·풍·공·식의 육대가 법계에 두루
   六大緣起　地　水　火　風　空　識　　六大　　法界

   하여 만유제법을 연기함
   　　　萬有諸法　　緣起

연기법緣起法이라, 연기법緣起法 이것은 바로 부처님 법法의 핵심核心입니다.

1. 업감연기業感緣起

업감연기業感緣起라, 이것은 소승불교小乘佛敎에서 말하는 연기법緣起法입니다. 혹惑은 번뇌煩惱를 말하고 업業은 번뇌煩惱에 따라서 짓는 우리의 말이나 행동을 말하며 고苦는 번뇌煩惱에 따라서 지은 업業 때문에 받는 인생고人生苦를 말합니다.

"삼도전전인과상속三道展轉因果相續이라", 이것은 혹惑, 또는 번뇌煩惱와 업業과 고苦가 전전展轉하는 것을 말하는데 범부들은 고苦를 받으면 고苦를 받는 그 자리에서 다시 번뇌煩惱를 내게 되고 무명심無明心, 즉 번뇌煩惱 때문에 다시 업業을 짓는다는 뜻입니다. 그래서 번뇌煩惱와 업業과 고苦 세 가지가 서로 어우러져서 인생고人生苦를 이루게 됩니다. 이와 같이 인과적因果的으로 무명無明 때문에 업業을 짓고 고苦를 받는 이러한 도리가 업감연기業感緣起인 것입니다. 따라서 업감연기業感緣起 이것은 연기법緣起法으로 해서는 차원이 낮은 세간적世間的인 연기緣起라고 볼 수 있습니다.

2. 아뢰야연기阿賴耶緣起

아뢰야연기阿賴耶緣起란 무엇인가. 앞에서 말한 업감연기業感緣起는 안眼·이耳·비鼻·설舌·신身·의意의 의식意識 차원에서 이루어지는 연기법緣起法입니다. 그렇다면 우리 의식意識의 근본根本은 무엇인가. 우리 의식意識의 근본根本은 말나식末那識이나 아뢰야식阿賴耶識입니다. 이른바 잠재의식潛在意識인 것입니다. 이러한 잠재의식潛在意識도 역시 일반 심리학心理學에서 말하는 잠재의식潛在意識보다는 아뢰야식阿賴耶識이 훨씬 더 깊은 것입니다.

따라서 사람의 '나'라는 마음이나 '너'라는 마음이나, 또는 '개'라는 마음이나 '소'라는 마음이나 모든 동물動物의 마음이나 모두가 다 아뢰야식阿賴耶識 차원에서는 다 하나의 존재存在입니다. 하나의 자리입니다. 가령 바다를 놓고 비유해 볼 때 바닷물이 있으면 그 바닷물 위에 큰 거품, 작은 거품이 나오고 큰 파도, 작은 파도가 일어나듯이 소나 돼지나 개나, 또는 다른 곤충이나 사람이나 다른 동물이나 모두가 다 아뢰야식阿賴耶識이라는 이 식識 위에서 인연因緣 따라서 이루어지게 됩니다.

또는 비단 동물動物뿐만 아니라 식물植物이나 무생물無生物이나 우주의 모든 존재가 다 아뢰야식阿賴耶識이라는 식識 위에서, 다시 말해서 아뢰야식阿賴耶識에 갖추어진 모든 번뇌煩惱의 종자種子에 따라서 이루어지는 것입니다. 따라서 아뢰야식阿賴耶識 차원에서 볼 때 우주宇宙는 바로 하나입니다.

3. 여래장연기如來藏緣起

그렇다면 아뢰야식阿賴耶識의 근본根本은 무엇인가. 이것은 여래장연기如來藏緣起라, 아뢰야식阿賴耶識의 근본은 다른 것이 아니라 바로 부처인 것입니다. 이것은 곧 불성佛性이라는 뜻입니다. 따라서 우주宇宙라는 것은 따지고 들어가면 우리 마음의 근본根本 자리인데 욕심慾心이 있고 남을 미워하고 분별分別하는 것 등은 제칠 말나식末那識에 해당하고 그 뿌리는 제팔 아뢰야식阿賴耶識입니다.

그렇다면 아뢰야식阿賴耶識의 뿌리가 무엇인가. 그 뿌리는 바로 여래如來, 즉 여래장如來藏입니다. 다시 말해서 부처를 말합니다. 따라서 어느 것이나 파고들어 가면 끝에는 다 부처가 됩니다. 그래서 여래장연기如來藏緣起는 진여연기眞如緣起라고도 합니다. 이것이 바로 대승大乘에서 말하는 연기법緣起法입니다. 그래서 『대승기신론大乘起信論』에서 비로소 진여연기眞如緣起라는 말씀을 했습니다.

다시 부연해서 말씀드리면 어느 것이나 모두가 다 진여불성眞如佛性으로부터 되었다는 뜻입니다. 나나 너나, 이것이나 저것이나, 하늘에 있는 천체天體나 모두가 다 진여불성眞如佛性으로 되었다는 인연법因緣法, 이것이 바로 진여연기법眞如緣起法입니다. 따라서 진여연기법眞如緣起法을 제대로 안다면 천지우주天地宇宙가 모두가 다 진여불성眞如佛性 아님이 없습니다. 그렇게 해야 비로소 대승大乘이 됩니다.

4. 법계연기法界緣起

법계연기法界緣起라, 이것은 온 우주宇宙가 부처님의 법法으로 충만充滿해 있다는 말입니다. 또한 무진연기無盡緣起라 하는 것이니, 우주宇宙가 모두가 다 진여불성眞如佛性이기 때문에 산이나 바다나, 또는 나나 너나, 너 가운데 내가 들어가고 나 가운데 네가 들어오고 그러는 것입니다. 불교佛敎 말로는 상즉상입相卽相入이라, 모든 존재存在는 서로가 다 들어가 있다는 뜻입니다.

이렇게 생각하면 또 조금은 의단疑端을 품으시겠지요. "왜 나 가운데 네가 들어오고 너 가운데 내가 들어가는가", 이것은 물질物質이 아니기 때문에 그러는 것입니다.

몸뚱이 이것은 가짜에 불과합니다. 하나의 거품에 지나지 않으며 그림자에 불과한 것입니다. 따라서 우리의 업식業識을 따라 이와 같은 몸을 받는 것이므로 몸 이것은 실존적實存的인 진리眞理가 아닌 것입니다.

『유마경維摩經』이나 『능엄경楞嚴經』을 보면 모탄거해毛呑巨海라, 터럭 모毛자, 삼킬 탄呑자, 클 거巨자, 바다 해海자로서 조그마한 터럭 끝에 태평양 같은 큰 바다가 쑥 들어간다는 말입니다. 이해理解가 되겠습니까. 또는 개랍수미芥拉須彌라, 겨자씨 개芥자, 들일 납拉자, 수미산須彌山은 세계에서 가장 큰 산인데 겨자씨 가운데 그렇게 큰 수미산須彌山이 쑥 들어간다는 뜻입니다. 쑥 들어가서도 조금도 줄어들었다는 관념觀念도 없는 것입니다.

이러한 도리道理가 『유마경維摩經』이나 『능엄경楞嚴經』에 설해져 있습니다. 조그마한 터럭 끝에 태평양 같은 큰 바다가 다 들어가고, 또는 겨자씨 가운데 우주에 비길 수 있는 큰 산이 들어가는 이러한 도리道理를 어떻게 이해하시겠습니까? "부처님의 신통지혜神通智慧니까 그렇게 되겠지", 이렇게는 생각할 수가 있겠지요. 그러나 부처님의 신통지혜神通智慧는 우연偶然이나 기적奇蹟이 아닙니다. 사실적으로 할 수 있으므로 부처님께서 신통神通을 하신 것입니다. 이것은 물질物質이 아니기 때문에 들어가고 나갈 것이 없다는 것입니다.

우리 불자님들은 우선 나라는 존재를 파괴하셔야 됩니다. 바꾸어서 말하면 내 마음을 하늘같이 넓힌다는 뜻이 되겠지요. 내 몸속의 세포細胞라는 것도 역시 흘러가는 물과 같이 조금 전에 흘러간 물이 지금 흘러간 물과 똑같지 않듯이 우리 몸속의 세포細胞도 조금 전의 세포細胞와 지금의 세포細胞가 같지 않습니다.

찰나생멸刹那生滅이라, 어느 찰나刹那 순간도 일초의 몇천분의 일 동안도 같은 내가 없습니다. 결국 세포細胞가 움직이고 있기 때문입니다. 따라서 이것은 하나의 가상假相에 불과한 것인데 우리가 그런 도리道理를 잘 모르므로 있다고 생각하는 것입니다.

그렇기 때문에 색色도 고苦이고 우리의 느낌도 고苦이고 모두가 다 고苦입니다. 이른바 오온개공五蘊皆空인 것입니다. 오온개공五蘊皆空이란 뜻은 오온五蘊을 다 쪼개고 쪼개서 종국에 가서야 공空이 된다는 말이 아닙니다. 색즉공色卽空이라, 오온즉공五蘊卽空이라, 있는 그대로가 공空이라는 뜻입니다.

성자聖者가 보면 있는 그대로가 공空입니다. 그러나 범부凡夫의 차원에서 보면 있는 것은 그대로 있을 뿐입니다. 그래서 같은 공空도 소승小乘의 공空은 다 분석分析하고 들어가서 현대물리학現代物理學에서처럼 성분成分에서 분자分子로, 또는 분자分子

에서 원소元素로, 원소元素에서 원자原子로 이렇게 분석分析하고 들어갑니다. 이렇게 들어가서 종당에는 다 공空인 제로Zero가 되는 것입니다. 이것은 현대물리학적現代物理學的인 분석법인데 소승小乘의 분석은 그렇게 합니다. 그러나 대승大乘의 분석은 색즉공色卽空인 것입니다.

5. 육대연기六大緣起

육대연기六大緣起라, 이것은 밀교법密敎法에서 말하는 연기법緣起法입니다. 밀교법密敎法은 무엇이냐 하면 원래 우주만유宇宙萬有의 불성佛性 가운데 땅(地)이라는 질료質料의 성품性品, 또는 수분적水分的인 성품性品, 화火라는 온도溫度, 바람(風)이라는 동력動力, 그리고 움직이는 성품性品, 또는 공空이라는 공간성空間性, 식識이라는 분별성分別性, 이러한 지地·수水·화火·풍風·공空·식識의 육대六大가 성품性品으로 해서 우주宇宙에는 원래 갖추어 있다고 보는 것입니다.

이와 같이 이치로 봐서는 다 같습니다. 우주는 그냥 텅 비어 있는 것이 아니라, 이른바 물질物質이 아니기 때문에 앞서 말씀드린 바와 같이 불성佛性이고 마음이고 하는 것입니다. 그런 가운데는 그냥 마음이고 불성佛性이고 하는 것이 아니라 질료質料, 즉 물질物質이라는 하나의 상相이 될 수 있는 지적 성품이 있습니다. 그러니까 지구도 있고 뭣도 있고 하는 것이겠지요. 그리고 수분水分이라는, 즉 습기濕氣라는 성품도 있고, 또는 온도溫度도 있습니다. 또는 풍風이라는 동력動力도 있고 공空이라는 공간성空間性도 있으며 식識이라는 분별分別하는 성품도 있습니다. 이러한 성품性品으로 우주宇宙에 가득 차 있는 것이 온 법계法界에 두루하여 만유제법萬有諸法을 연기緣起하는 것입니다.

IV

만법유식萬法唯識

IV 만법유식萬法唯識

<요략要略 4>

1. 육식 : 안·이·비·설·신·의
   六識   眼 耳 鼻 舌 身 意

2. 칠식 : 말나식 … 아치·아견·아만·아애
   七識   末那識   我痴 我見 我慢 我愛

3. 팔식 : 아뢰야식 : 장식
   八識   阿賴耶識   藏識

4. 구식 : 암마라식 : 청정식 : 백정식
   九識   菴摩羅識   清淨識   白淨識

5. 십식 : 불
   十識   佛

만법유식萬法唯識이라, 일체유심조一切唯心造나 만법유식萬法唯識이나 같은 뜻입니다. 그런데 분별分別할 수 있고, 판단判斷할 수 있고, 비판批判도 할 수가 있는 그러한 쪽으로 표현할 때는 유식唯識이라는 말을 쓰고, 또는 모두가 다 물질物質이 아닌 순수純粹한 생명生命이다, 이렇게 표현할 때는 유심唯心이라는 말을 씁니다.

1. 육식六識

육식六識이라, 육식六識은 여러분들께서도 다 알지 않습니까. 눈(眼)으로 보고, 귀(耳)로 듣고, 코(鼻)로 냄새 맡고, 혀(舌)로 맛을 알고, 몸(身)으로 촉각觸覺을 느끼고, 의식意識으로 분별分別하고 판단判斷하는 이것이 육식六識입니다.

2. 칠식七識 : 말나식末那識

칠식七識이라, 앞에서 말한 육식六識의 근본根本이 제칠 말나식末那識입니다. 말나식末那識, 이것은 아직은 순수純粹한 식識이 못 됩니다.

먼저 아치我痴라, 이것은 자기라는 관념을 미처 못 떠난 것을 말합니다. 나라는 어리석음(我痴), 또는 내 견해(我見), 또는 자기가 좀 잘한다고 우쭐해서 자기가 남보다 낫다고 생각하는(我慢) 것입니다. 중생의 마음은 누구나 다 그렇습니다. 자기의 학벌이 높다거나 또는 기능이 조금 있다거나 할 때는 꼭 아만심我

慢心을 품게 됩니다. 그리고 아애我愛라, 이것은 자기를 금쪽같이 사랑하므로 자기한테 누군가 털끝 하나라도 건드리면 그때는 반발심反撥心을 느끼게 되는 것입니다.

옛날 춘추전국시대春秋戰國時代에 묵자墨子(B.C. 479~381년경)라는 사람이 있었습니다. 그 당시에는 상당히 위대한 분인데 그분은 다른 사람을 위해서는 자기 터럭 하나도 빼서 주기를 싫어했습니다. 그렇게 고약한 사람도 있었습니다.

3. 팔식八識 : 아뢰야식阿賴耶識

다음은 팔식八識이라, 칠식七識의 근본 뿌리가 팔식八識인데 이것은 아뢰야식阿賴耶識, 또는 장식藏識이라고도 합니다. 모든 종자種子, 또는 모든 존재存在가 일어나는, 또는 존재의 뿌리를 이룩하는 것을 거기에 감추고 있으므로 장식藏識이라고 하는 것입니다. 이것은 곧 아뢰야식阿賴耶識입니다.

4. 구식九識 : 암마라식菴摩羅識

그렇다면 아뢰야식阿賴耶識의 뿌리가 무엇인가. 구식九識이라, 이것은 암마라식菴摩羅識이라고도 합니다. 아뢰야식阿賴耶識의 뿌리가 바로 구식九識 암마라식菴摩羅識입니다. 암마라식菴摩羅識은 또한 청정식淸淨識이라고도 합니다. 따라서 아뢰야식阿賴耶識의 뿌리는 바로 청정淸淨한 부처의 식識인 것입니다. 그래서 백정식白淨識이라 합니다.

5. 십식十識 : 불佛

십식十識이라, 십식十識 이것은 바로 부처를 말합니다. 사람의 마음은 말할 것도 없고 개의 마음도 파고들어 가서 보면 다 부처를 이루고 있습니다. 천상天上의 마음도 마찬가지이고, 또는 식물植物의 마음도 마찬가지이고 돌멩이나 다이아몬드나 쇳덩이나 모두가 다 파고들어 가서 근본 끄트머리에 들어가면 근본, 그 저변低邊은 모두가 다 부처인 것입니다.

그러기에 "일체一切가 유심조唯心造다", "일체一切가 바로 부처뿐이다", "삼천대천세계三千大千世界가 오로지 일미평등一味平等한 진여불성眞如佛性이다", 이렇게 말하는 것입니다. 부처 아닌 것은 아무것도 없습니다. 그러기에 일미평등一味平等인 것입니다. 대승불교大乘佛敎는 다 그렇습니다.

그래서 화장세계華藏世界라, 모두가 불성佛性으로 되어 있으므로 이 세계 그대로가 바로 부처님 세계라는 뜻입니다. 이렇게 알고 남에게 보시布施도 해야 참다운 무주상보시無住相布施가 되는 것이지 나 따로 있고 너 따로 있다고 생각하고 저 사람은 나보다 더 구차하니까 내가 무엇인가를 베푼다고 생각하면 이러한 것들은 곧 상相이 있는 보시布施가 됩니다. 다시 말해서 중생보시衆生布施인 것입니다. 자타시비自他是非를 떠난 보시布施가 되어야 참다운 보시布施가 되고, 또한 그렇게 마음을 먹어야 성불性佛의 법法이 빨라지는 것이지 "어느 때나 나 따로 있고 너 따로 있다", 이렇게 생각하는 사람은 항시 상相에 걸리게 됩니다.

V

수행법修行法의 차서次序

Ⅴ 수행법修行法의 차서次序

<요략要略 5>

一. 오정심관
五停心觀

사마타
奢摩他
(Samatha)
산란한 마음을
정지케 함

1. 부정관 … 탐욕다인
   不淨觀　　貪欲多人

2. 자비관 … 진에다인
   慈悲觀　　瞋恚多人

3. 인연관 … 십이인연(무명·행·식·명색·
   因緣觀　　十二因緣 無明 行 識 名色

   육처·촉·수·애·취·유·생·노사) …
   六處 觸 受 愛 取 有 生 老死

   우치다인
   愚痴多人

4. 관불관 … 업장다인
   觀佛觀　　業障多人

5. 수식관 … 산심다인
   數息觀　　散心多人

二. 사념처관(사념주)
　　四念處觀　四念住

비파사나
毘婆舍那
(Vipasyana)

지혜를
계발케 함

　　1. 신념처 … 신부정
　　　　身念處　　身不淨

　　2. 수념처 … 수시고
　　　　受念處　　受是苦

　　3. 심념처 … 심무상
　　　　心念處　　心無常

　　4. 법념처 … 법무아
　　　　法念處　　法無我

三. 제법개공관 :　오온개공관
　　諸法皆空觀　　五蘊皆空觀

四. 실상관 : 일진법계관·반야바라밀·
　　實相觀　一眞法界觀　般若波羅蜜

　　　　진여삼매·일상삼매와 일행삼매·
　　　　眞如三昧　一相三昧　　一行三昧

　　　　해인삼매·금강삼매·여래선·조사선·
　　　　海印三昧　金剛三昧　如來禪　祖師禪

　　　　자성선
　　　　自性禪

어느 것도 흠절欠節이 없는 것이 바로 진여불성眞如佛性이고, 또는 설령 우리가 금생今生에 잘못 살았다 하더라도 석가모니釋迦牟尼 부처님같이 온전한 마음이 나한테 갖추어져 있습니다. 그렇다면 내가 할 일은 무엇인가. 그것은 오직 부처가 되는 길입니다. 이것은 어느 것보다도 더 바쁜 길입니다.

그러기에 기독교基督敎나 불교佛敎나 이것저것 다 뿌리치고 진리의 길을 가라고 했습니다. 『마태복음』을 보면 예수에게 자기 제자가 말하기를 "주여, 저희 아버님이 돌아가셨습니다. 아버님 제사는 모시고 주를 따르겠습니다" 그러니까 예수가 하는 말이 "죽은 자는 죽은 자 스스로 장사케 하고 그대는 당장에 나를 따르라"고 했습니다. 자기 아버지 장례 모실 시간의 유예도 주지 않고서 진리를 따르라 했던 것입니다. 이와 같이 진리眞理는 소중한 것입니다.

수행법修行法의 차서次序를 아는 것은 매우 중요합니다. 우리가 대승법大乘法을 안다 할지라도 수행修行을 차근차근 들어갈 때는 소승小乘을 참고로 해야 됩니다. 왜 그러냐 하면 우리가 과거 전생前生부터 지어 내려온 업장業障이 무겁기 때문에 업장業藏을 녹여갈 때는 순서 있게 녹여야지 단박에 부처가 될 수는 없는 것입니다.

지금 사람들은 "단박에 부처가 된다. 그래서 화두話頭만 들고 있으면 꼭 부처가 된다" 이렇게 함부로 말을 하지만 그렇게 해서는 안 되는 것입니다. 역시 순서順序를 가려서 해야 하기 때문에 지금 한국의 선방禪房에 몇 년 동안 다닌 사람도 별로 얻

음이 없으므로 스리랑카나 소승불교小乘佛敎 국가에 가서 비파
사나毘婆舍那를 배우기도 합니다. 비파사나毘婆舍那는 순서가 있
으니까요. 그러나 굳이 그럴 필요는 없습니다. 대승법大乘法은
대승법大乘法대로 해서 우리 마음에다가 주축主軸으로 앉혀 놓
고 다만 우리 번뇌煩惱가 녹아드는 것을 참고로 해서 보면 됩니
다. 그런 정도로 그쳐야지 이쪽을 그만두고 소승小乘나라에 가
서 새삼스럽게 비파사나毘婆舍那를 배울 필요는 없는 것입니다.

1. 오정심관五停心觀

1) 부정관不淨觀

부정관不淨觀이라, 이것은 탐욕이 많은 사람(貪欲多人)에게 필
요한 수행입니다. 보통은 우리 몸이 제일 중요하다고 보기 때문
에 어느 누구나 번뇌煩惱를 범하게 되며 자기 지식, 자기 소임
때문에 더욱 증장됩니다.

지금 한국은 외환外換이 부족해서 여러 가지로 고난을 겪고
있는데 그것은 외환外換이 부족한 것이 아니라 우리 마음에 철
학哲學이 없기 때문입니다. 철학哲學이 없어서 그러는 것이지 정
말로 각자 각자가, 특히 재벌들이 다 철학哲學이 있다면 자기
것은 그대로 두고 다른 사람들을 고통스럽게 할 수는 없을 것입
니다.

왜 그런가. 나와 남은 둘이 아닙니다. 기독교基督敎도 자기 이
웃을 내 몸같이 사랑하라는 것이 원리입니다. 하물며 불교佛敎
는 다시 말할 것도 없습니다. 마음도 하나, 몸도 하나입니다. 그

런데 "몸은 따로따로 있지 않은가" 이렇게 생각할 수 있습니다. 그러나 우리 중생이 봐서 따로따로 있는 것이지 성자聖者가 봤을 때는 저 사람 몸속의 세포細胞나 내 몸속의 세포細胞나 같습니다. 그러기에 내 세포細胞가 바로 저 사람 몸이고, 이렇게 다 붙어 있는 것입니다.

왜 그러냐 하면 지금 여기에 몇백 명이 모여 계시지만 산소酸素나 수소水素나 또는 질소窒素나 탄소炭素나 그러한 차원에서는 모두가 다 붙어 있습니다. 우리는 공간성空間性이 있다고 생각하지만 이 공간 속에는 탄소炭素나 수소水素나 모두 다 있습니다. 다만 우리가 그러한 차원을 바로 보지 못하므로 그와 같이 뿔뿔이 있다고 생각하는 것입니다. 그러나 진여불성眞如佛性은 어떠한 공간空間 내에서도 빈틈없이 우주宇宙에 충만充滿해 있습니다. 그러므로 진여불성眞如佛性의 차원에서 보면 네 몸 내 몸도 하나이고 네 마음 내 마음도 하나입니다.

이러한 차원에서 볼 때 어느 것이 내 것이라고 할 수가 있겠습니까. 제 몸둥이도 제 것이 아닌데 다른 것이 자기 것이 될 수는 없습니다. 여러분들이 이러한 도리道理를 단박에 증명證明해서 체험體驗하기는 어려울 테지요. 그러나 이런 도리道理만은 알아야 합니다. 이것이 반야바라밀般若波羅蜜입니다. 따라서 우리 불자님들은 반야般若의 지혜智慧라는 도리道理만이라도 먼저 알아야 됩니다. 그러한 후에 삼매를 통해서 체험體驗해야 합니다. 그래서 탐욕이 많은 사람들은 자기가 있다고 생각하므로 탐욕貪欲이 끊이질 않습니다.

따라서 이런 사람들은 부정관不淨觀을 해야 합니다. 이 몸뚱이는 침이나 가래나 오줌이나 똥이나 또는 눈곱이나 또는 귀지나 이러한 것이 충만充滿해 있습니다. 우리의 심장心臟을 헤쳐 놓고 보면 얼마나 복잡하고 지저분하겠습니까. 이러한 것이 따지고 보면 결국은 다 부정관不淨觀의 내용입니다. 따라서 그렇게 생각하면 그때는 욕심慾心을 내려야 낼 수가 없습니다.

2) 자비관慈悲觀

자비관慈悲觀이라, 지금 저같이 일흔이 넘은 사람은 앞으로 얼마나 더 살겠습니까. 저를 설사 좀 미워하는 사람이 있다 하더라도 "저놈의 노장 몇 년 안 가서 죽을 것인데 지금 미워해서 되겠는가" 이렇게 생각할 것입니다. 저뿐만 아니라 어느 누구나 다 그렇습니다. 몇 년 뒤, 몇십 년 뒤에는 다 죽게 됩니다. 따라서 그때는 몸뚱이 이것은 흔적도 없이 사라질 것입니다. 그런데 우리 중생들은 그러한 사람들은 사랑하려고 애쓰고 있으니 참고로 불쌍합니다.

그러기에 자비관慈悲觀이라, 툭하면 남을 비판하고 미워하고 때리고 하는 사람들은 자비관慈悲觀을 해야 됩니다. 자기가 별것도 아니면서, 또한 자기가 보는 것도 바로 보는 것도 아닌데 그러한 도리를 잘 모르므로 그러는 것입니다. 따라서 자비관慈悲觀을 해야 됩니다.

3) 인연관因緣觀

인연관因緣觀이라, 인간이라는 것이 무명無明 따라서 이 몸이 어디서 나왔는가. 본래에는 다 불성佛性인데 어쩌다가 우리의 마음이 우주의 순환 과정에서 불성佛性을 불성佛性으로 제대로 보지 못하고 자기라는 차별심差別心을 내게 됩니다. 이렇게 상대 유한적相對有限的인 세계에 대해서 차별심差別心, 분별심分別心을 내면 그것이 바로 무명無明입니다.

무명無明은 무엇이냐 하면, "천지우주天地宇宙가 다 불성佛性이다" 이렇게 생각하면 참다운 반야지혜般若智慧, 즉 성자聖者의 지혜智慧인 것이고, 그렇지 않고 털끝만큼이라도 분별심分別心을 내면 그것이 바로 무명無明입니다. 우주宇宙는 본래 하나인데 하나로 보지 않으므로 무명無明이 되겠지요. 밝지가 않습니다.

그리고 무명無明일 때는 나라는 관념觀念이 생기게 됩니다. 따라서 무명無明이 있기 때문에 행行이 있게 되며 우리가 행동도 바르게 못 하는 것이고, 또 행行으로 해도 식識이 됩니다. 식識 이것은 삼세인과三世因果를 따질 때는 과거 무명無明 때문에 우리가 태어나기 전에는 영靈, 즉 하나의 식識을 해서, 업식業識으로 해서 존재합니다. 따라서 우리가 죽으면 영가靈駕라는 것도 하나의 업식業識입니다. 업식業識이 헤매다가 갈 곳을 잘 모르므로 그때는 자기하고 정도가 맞는 부모를 만나서 우리가 나오게 되는 것입니다. 그래서 어머니 태胎 안에 들어갈 때가 이른바 식識이 됩니다.

다음은 명색名色이라, 명색名色은 태胎 안에서 안眼·이耳·비鼻·설舌·신身·의意, 육근六根이 성장할 때가 이것이 명색名色입니다. 구체적인 설명은 생략하겠습니다.

66

다음은 육처六處라, 그때는 더 성장이 되어서 어머니 태 안에서 그야말로 곧 출태出胎할 때, 다시 말해서 안眼·이耳·비鼻·설舌·신身·의意가 제대로 형성될 때가 육처六處입니다.

다음은 촉觸이라, 촉觸 이것은 우리가 탄생誕生해서 감촉感觸할 때입니다. 어린아이 때도 감촉感觸은 되겠지요. 뜨거운 것은 만지면 "아차 뜨겁다" 하고 피하지 않습니다. 그러한 것은 모두 다 감촉感觸이 됩니다.

다음은 조금 더 나이가 먹어서 감수感受하게 됩니다. 따라서 수受 이것은 좋다고 느끼고 싫다고 느끼는 것입니다.

다음은 애愛라, 이것은 나이가 14~15세 이후가 되어서 남녀 이성異性 간에 애욕愛慾을 느끼는 것입니다.

그러면 그때는 취取라, 이것은 자기가 마음에 좋다고 생각되는 것을 채우려고 애쓰는 것입니다. 물질物質도 그렇고, 또한 사람도 자기 마음에 드는 사람이 있으면 얻으려고 애쓰겠지요.

다음은 유有라, 유有 이것은 그렇게 함으로써 미래세未來世에 태어날 원인, 즉 업業을 함장含藏시키는 것입니다. 그래서 미래세未來世에 다시 태어나고 늙어서 죽고 하는 것입니다.

아무튼 삼세三世, 즉 과거나 현재나 미래를 통해서 무명無明이라 하는 무지 때문에 이와 같이 윤회輪廻하는 것이 이른바 인연법因緣法이며, 인연관因緣觀입니다. 그렇게 함으로써 "나라는 것은 과거의 나와 오늘의 내가 똑같지 않구나. 따라서 지금의 나와 미래未來의 나도 같지 않겠구나" 이렇게 생각하게 됩니다. 그런데 미련한 사람들은 과거過去의 나와 오늘의 내가 똑같다고 생각합니다. 그러나 그렇지가 않습니다.

과거의 업식業識이 금생今生에 나와서 뭐좀 더 배우고 깨달으면 그때는 과거와는 다르겠지요. 또는 금생今生에 업業을 많이 지어놓으면 우리가 엉뚱한 데 태어나고 또 지옥地獄에도 가게됩니다. 그래서 미래세未來世에는 금생今生과 같지가 않습니다. 따라서 과거세過去世에 천상天上 사람이 금생今生에는 사람으로 올 수가 있고 또는 금생今生에 있던 사람이 다시 지옥地獄에 갈 수도 있고 천상天上으로 갈 수도 있고 그러는 것입니다. 금생今生에 어릴 때부터 부처님 법을 독실히 믿고 법회法會 때마다 찾아다닌 사람은 틀림없이 과거過去 전생前生부터서 가꾸어 나가고 있는 천상天上에서 온 분의 후신後身이라고 볼 수가 있습니다.

4) 관불관觀佛觀

관불관觀佛觀이라, 부처님의 상호相好는 보통 상호相好가 아닙니다. 32상相 80종호種好입니다. 이것은 무수한 세월 동안에 자기 몸뚱이를 몸땅 바치기도 하고 해서 만덕萬德을 쌓은 결과입니다. 남이 자기를 모멸도 하고 때리기도 하고 또는 사형死刑도 시키고 했지만 이러한 사람들도 미워하지 않았습니다. 마치 예수와 같이, 예수가 십자가 못박혀 죽을 때도 자기를 핍박한 사람들을 위해서 기도를 모셨습니다. 이것은 무아無我의 도리道理가 아니면 그렇게 할 수 없는 것입니다. 그와 같이 무수한 세월 동안에 굶주린 호랑이에게 자기 몸뚱이를 바치기도 하였습니다. 하여튼 부처님의 전생담前生談을 보면 한도 끝도 없습니다.

도안보시挑眼布施라, 누가 눈알을 빼서 주라고 하면 눈알도 빼서 주고, 그렇게 해서 남한테 보시布施한 공덕功德으로 32상相 80종호種好입니다. 원만덕상圓滿德相이 되신 것입니다. 얼굴이 잘생긴 사람들은 보통 덕상德相이 아닙니다. 그러한 사람들은 과거過去 전생前生에 다른 사람에게 보시布施도 많이 하고 인욕忍辱도 많이 했을 것입니다.

검사檢事가 되고 또는 경찰관이 되어서 남을 닦달하는 생활을 오래한 사람들은 이상하게도 얼굴이 찌푸린 사람이 많지 않습니까. 또는 국회의원國會議員이 되어서 다른 당黨을 헐뜯는 사람들은 고약하고 매서운 눈초리가 생기게 됩니다. 그러한 것도 모두가 다 자기 업業으로 인해서 그렇게 되는 것입니다.

그런데 과거過去 전생前生에 무수한 보시행布施行, 또는 육바라밀六波羅密을 닦아서 만덕을 갖춘 것이 부처님 상호相好입니다. 부처님 상호相好를 볼 때는 우리가 본래 부처이기 때문에 부처님을 닮고자 하는 간절한 마음으로 부처님 상호相好를 우러러 봐야 합니다. 그래서 부처님 상호相好만 보고 찬탄讚歎해도 역시 찬탄 공덕功德이 굉장히 큽니다. 그러기에 우리가 부처님, 즉 만덕萬德을 갖춘 과거 무량無量 세월 동안 육바라밀六波羅密을 닦아서 희생하신 부처님 상호相好를 봄으로써 업장業障을 녹일 수 있습니다. 따라서 업장業障이 무거운 사람은 그렇게만 해도 좋습니다. 업장業障이 무거운 사람들은 부처님 상호相好를 보고서 천배千拜 만배萬拜를 하십시오. 업장業障이 무거워 마음이 성급해서 곧장 참회懺悔할 것을 못하는 사람들은 부처님 앞에 가서 천배千拜 만배萬拜하면서 참회懺悔하시기 바랍니다.

5) 수식관數息觀

수식관數息觀이라, 이것은 산심다인散心多人이라, 산심散心이 많은 사람은 수식관數息觀을 해야 합니다. 마음이 산란散亂해서 망상妄想이 많은 사람들은 호흡呼吸을 헤아림으로써 마음을 통일시켜 줍니다. 그래서 부처님 당시도 수식관數息觀, 즉 호흡을 헤아리는 것과, 우리 몸뚱이가 본시 더러운 것이다 하는 부정관不淨觀을 초보자들에게 굉장히 많이 권장하셨습니다.

수식관數息觀을 할 때도 그냥 덮어놓고 헤아리는 것이 아니라 하나부터 열까지 되풀이해서 헤아리는 게 좋습니다. 불경佛經에 그렇게 되어 있습니다. 잘 모르는 사람들이 스물이고 마흔이고 백이고 그렇게 헤아리게 되는데 그렇게 헤아리다 보면 다시 헤아리는 수치에 따라서 마음이 산란스러워지게 됩니다. 그러므로 단순한 수치로 해서 하나에서 열까지 되풀이해서 헤아리면 마치 알맞습니다. 부처님께서는 그렇게 하셨습니다.

2. 사념처관四念處觀 – 사념주四念住

사념처관四念處觀이라, 앞에서 말씀드린 대로 오정심관五停心觀으로 해서 우선 기본적인 마음을 다스립니다. 컴컴한 사람들이 선방禪房에 막 들어가서 화두話頭를 들고 있다고 해서 공부가 쑥쑥 나가지는 것은 아닙니다. 업장業障이 가벼운 사람은 그럴 수 있겠지요. 그러나 보통은 기본적인 훈련이 필요합니다.

"내가 탐심貪心이 많은가", "내가 진심瞋心이 많은가", "내가 산심散心이 많은가", 이렇게 점검을 한 다음 자기의 업장業障이 무거운 쪽을 다스리는 공부를 해가다가 이른바 삼매三昧에 들어가게 됩니다.

그러기에 사四『아함경阿含經』에서 아주 세밀하게 말했고, 그러기에 또한 비파사나毘婆舍那를 하는 것도 모두가 다 의의가 있어요. 비파사나毘婆舍那로는 보통은 사념처관四念處觀을 합니다.

1) 신념처身念處

신념처身念處라, 우리 몸이 원래 부정不淨하다고 관찰 사유(念)하는 것으로서 이것은 앞에서 말한 부정관不淨觀이나 거의 비슷합니다.

2) 수념처受念處

수념처受念處라, 이것은 우리가 지금 받는 고苦나 락樂이나 모두가 다 허망무상虛妄無想한 것임을 관찰 사유(念)하는 것입니다. 설사 지금은 락樂이라 하더라도 락樂이 끝나면 곧 고苦가 아닙니까. 따라서 우리가 현재 몸을 받아서 느끼는 것은 모두가 락樂한 것은 순간 찰나刹那뿐인 것이고 참다운 락樂은 없습니다.

고苦가 원인이 되어서 잠시간 즐거움같은 것이 보이는 것이지 결코 참다운 즐거움이 못 됩니다. 참다운 즐거움은 번뇌煩惱를 다 없앤 극락極樂의 열반락涅槃樂이 되어야 합니다. 이른바 해탈락解脫樂이 되어야 참다운 안락安樂인 것입니다.

3) 심념처心念處

심념처心念處라, 이것은 심무상心無常임을 관찰 사유(念)하는 것입니다. 우리의 마음은 순간 찰나刹那도 머무름이 없습니다. 그러므로 분별시비分別是非는 모두가 다 무상無常한 것입니다.

4) 법념처法念處

법념처法念處라, 이것은 법무아法無我임을 관찰 사유(念)하는 것입니다. 좋다 궂다, 또는 옳다 그르다 하는 시비도 역시 본래 있는 것이 아닙니다. 따라서 본래 아我가 있지 않습니다. 이것은 비파사나毘婆舍那에서 하는 것이고 앞서 말씀드린 오정심관五停心觀은 사마타奢摩他입니다. 사마타奢摩他나 비파사나毘婆舍那 이 것은 삼매三昧에 들어가기 위한 준비 과정입니다.

이렇게 해서 삼매三昧에 들어가는 것인데 삼매三昧에 그냥 들어가지 말라는 것은 절대로 아닙니다. 다만 참고로 이러한 것을 자기 스스로가 "나는 번뇌煩惱가 어느 것이 무거운가" 이렇게 자기 스스로 내성을 해가지고 우선 자기 번뇌煩惱의 무거운 쪽을 먼저 떼내는 연습을 하는 것도 필요합니다. 그러나 비약적飛躍的으로 바로 들어가는 것도 좋습니다.

3. 제법개공관諸法皆空觀

제법개공관諸法皆空觀이라, 이것은 곧 오온개공관五蘊皆空觀입니다. 『반야심경般若心經』이나 『금강경金剛經』의 반야경사상은 대체로 오온개공관五蘊皆空觀, 제법개공관諸法皆空觀입니다. 이것은 여러분들이 대체로 다 알고 계실 것입니다.

조견오온개공照見五蘊皆空하니 도일체고액度一切苦厄이라, 이 모두가 다 인생고人生苦인데 인생고를 없애기 위해서는 과연 어떻게 해야 될 것인가. 그것은 오온五蘊이 다 비었음을 비추어 봄으로써 인생고人生苦를 여의는 것입니다.

있다고 생각하기 때문에 중생들은 없는 것을 있다고 생각합니다. 앞서 말씀드린 바와 같이 일체유심조一切唯心造이기 때문에 사실은 마음으로 만들어진 것(所造), 물질이 아닌 것을 우리 스스로 그것을 잘 모르고서 내 몸뚱이도 있고, 또는 내 몸뚱이에 따른 자기 권속眷屬도 있고 자기 재산도 있고 감투도 있다고 생각합니다. 그러나 오온개공五蘊皆空을 제대로 안다면 자기 감투나 명예나 그러한 것을 가지고 싸울 만한 아무런 이유가 없습니다.

"부처님 법法을 믿는 사람들이, 반야심경般若心經을 매일 매일 외우는 사람들이 무슨 필요로 무엇 때문에 싸우는 것인가" 이렇게 생각할 때는 참으로 슬픈 일이 됩니다. 그러한 것은 아무것도 아닌 것이며 자기한테나 누구한테나 아무런 도움도 안 됩니다.

4. 실상관實相觀

실상관實相觀이라, 우리 불자님들은 오온개공관五蘊皆空觀, 또는 앞에 있는 오정심관五停心觀, 또는 사념처관四念處觀 이러한 것을 설사 않고서 비약적으로 실상관實相觀에 그냥 들어와도 좋습니다.

여러분들께서는 대승기질大乘器質이라고 저는 생각합니다. 그래서 실상관實相觀은 막 들어와도 좋은데 그렇더라도 우리가 지금 보고 있는 이 허망무상한 것을 "이것이 모두가 다 공空한 표현이다." 이렇게 분명히 볼 줄 알아야 됩니다. 그래야지 그렇지 않으면 교만심驕慢心이 됩니다. "내가 원래 부처인데 내가 부처라고 생각하면 되지 않는가" 이러면 자기가 그것 좀 알았다고 해서 공부가 많이 된 것은 아닙니다. 그런데 그것 좀 알아서 공부가 상당히 되었다고 생각해서 거만한 사람들이 있습니다. 이것을 증상만增上慢이라고 합니다. 이러한 사람들은 고칠 약이 없습니다.

부처님께서 가장 두려워하신 것이 무엇인가 하면 못 깨닫고서 깨달았다고 생각하고 어느 수승殊勝한 경계에 못 이르러 있으면서도 자기가 수승殊勝한 경계에 이르렀다고 생각하는 증상만增上慢, 이것을 부처님께서는 제일 경계하셨습니다.

이것은 다시 말하면 야호선野狐禪입니다. 여우란 놈이 꾀가 많아서 거짓말을 잘하지 않습니까. 이처럼 여우란 놈이 거짓말을 잘하듯이 자기가 사실이 아닌 것을 사실로 증명했다고 생각하는 것입니다. 그러한 사람들이 없는 것이 아닙니다. 불경佛經을 조금 알아놓고서 불교佛敎를 다 알았다고 생각하는 사람들도 있고, 선방禪房에 몇 철 다녀서 조금 알게 되면 그때는 상당히 공부가 되었다고 생각하는 것입니다.

저 같은 사람은 굉장히 미련한 사람입니다. 미련한 사람이기에 70년 동안 삼동결제 또는 여름결제를 한 번도 빠뜨린 적이 없고 3년 결사結社를 다섯 번 이상 했습니다. 그랬어도 제 공부가 아직도 멀었습니다. 제가 아직도 멀었다는 것을 말씀드리기 위해서 그러한 말씀을 드리는 것입니다. 그러나 무던히 애는 썼습니다. 이와 같이 부처님 법法은 그렇게 쉬운 것이 아닙니다.

본래本來가 부처라 해도 우리 범부凡夫들이 과거 전생前生부터서 얼마나 업장業障을 많이 지었겠습니까. 금생今生에 잘못 배우고 잘못 느끼고 잘못 행동하고 잘못 생각하고 이러한 것이 얼마나 많습니까. 따라서 이러한 것을 온전히 녹이려면 오랫동안 삼매三昧에 잠겨야 됩니다. 앞서 말씀드린 바와 같이 화두話頭를 하든 염불念佛을 하든 주문呪文을 외우든, 무념無念이 되어서 무념無念 가운데 보임수행保任修行을 오래 해야 비로소 진여불성眞如佛性 공덕功德이 나오는 것입니다.

삼명육통三明六通이나 만덕萬德을 분명히 다 갖추고 있는데 그러한 공덕功德이 못 나오는 것은 무슨 이유인가. 저같이 미처 습관성習慣性을 제대로 다 못 뽑았기 때문입니다. 과거사에 대해서 훤히 트여 버리는 숙명통宿命通을 하고, 또는 미래세에 대해서 영원히 트여 버리는 천안통天眼通을 하고, 모든 번뇌煩惱의 뿌리를 뽑아버리는 누진통漏盡通을 하고, 이렇게 해야 신통자재神通自在를 하는 것입니다. 이렇게 못하면 그때는 공부했다고 내세울 것이 없습니다.

실상관實相觀이라, 이것은 부처님께서 『능가경楞伽經』이나, 또는 『화엄경華嚴經』이나 『법화경法華經』 등의 대승경전에서 말씀하신 경계를 바로 관觀하는 것입니다.

그러한 경계境界는 어떠한 것인가. 앞에서도 말씀드린 바와 같이 "모두가 다 일미평등一味平等한 진여불성眞如佛性뿐이다" 이렇게 관觀하는 것이 실상관實相觀입니다.

1) 일진법계관一眞法界觀

일진법계관一眞法界觀이라, 우주는 모두가 다 진리眞理만으로 충만된 하나의 법계法界입니다. 따라서 "다른 것은 아무것도 없다. 모두가 다 진여불성眞如佛性뿐이다" 이렇게 관하는 것이 일진법계관一眞法界觀입니다.

2) 반야바라밀般若波羅蜜

반야바라밀般若波羅蜜이라, 이것도 역시 "모두가 청정무비淸淨無非한 진여불성眞如佛性이고 다른 것은 조금도 없다" 이렇게 보는 것입니다. 우리 인간이 보는 것은 모두가 다 허망한, 즉 제법諸法이 공空인데 다만 공空이 아닌 공空의 정체가 바로 진여불성眞如佛性인 것입니다. 있는 것도 아니고 우리 중생이 볼 때는 분명히 있다고 생각하지만 그것은 중생의 견해에서 그러한 것이고 반야般若의 지혜智慧로 볼 때는 제법諸法이 공空인 것입니다. 그러나 다만 공空이 아니라 진여불성眞如佛性, 중도실상中道實相으로 충만되어 있는 그러한 지혜智慧가 바로 반야바라밀般若波羅蜜입니다.

3) 진여삼매眞如三昧

진여삼매眞如三昧라, 이것도 역시 진여불성眞如佛性으로 충만

76

된 자리를 명상하는 삼매三昧입니다.

4) 일상삼매一相三昧와 일행삼매一行三昧

일상삼매一相三昧라, 이것은 모두가 다 불상佛相이라는, 즉 모두가 다 부처님의 상相이라는, 또는 천지우주가 부처님이라는 실상實相을 관觀하는 삼매三昧입니다.

또는 일행삼매一行三昧라, 일행삼매一行三昧는 무엇인가 하면 "모두가 다 진여불성眞如佛性이다" 하는 생각을 끊임없이 생각생각에 지속시켜 나가는 것입니다. 『육조단경六祖壇經』에도 일행삼매一行三昧 말씀이 여섯 군데나 설해져 있고, 또한 사조四祖 스님이나 오조五祖 스님의 법문法門에도 있습니다.

5) 해인삼매海印三昧

해인삼매海印三昧라, 이것은 마치 맑은 바다 가운데 만상萬相이 비치듯이 우리 마음이 청정무비淸淨無非해서 모든 것이 조금도 이어지지 않고서 제대로 비추어지는, 따라서 우리 불성佛性이 만상萬相을 제대로 다 갖추어서 지혜智慧를 발휘하듯이 모든 존재存在가 다 맑은 마음의 바다에 제대로 갖추어지는 삼매三昧입니다.

6) 금강삼매金剛三昧

금강삼매金剛三昧라, 이것은 다시 동요할 수 없는, 다시 움직일 수 없는 영생불멸永生不滅의 영혼적인 삼매三昧입니다.

삼매三昧란 무엇인가, 우리의 마음이 가장 고요해서 조금도 분별시비分別是非가 없이 불성佛性, 즉 우리 본래적인 생명 자체에 몰입되어 있는 상태가 이른바 삼매三昧입니다.

7) 여래선如來禪

여래선如來禪이라, 이것은 부처님께서 하신 선禪, 즉 부처님께서 들어가신 명상瞑想을 말합니다.

8) 조사선祖師禪

조사선祖師禪이라, 이것은 조사祖師가 들어가는 명상瞑想을 말합니다.

9) 자성선自性禪

자성선自性禪이라, 자성自性은 무엇인가. 사람의 자성自性도 불성佛性이고 동물의 본성本性도 불성佛性이며, 또한 자연계도 불성佛性이고 지구나 모두의 본성本性은 다 자성自性입니다. 이것을 구체화시키면 자성청정심自性淸淨心이라 합니다. 그러므로 불성佛性이나 자성自性이나 다 같은 뜻입니다.

제가 앞에서 제목으로 내세운 순선純禪은 바로 이 자성선自性禪을 의미합니다. 그런데 송宋나라 이후에 부질없이 조사선祖師禪과 여래선如來禪을 구분지어서 싸움을 많이 했습니다. "여래선如來禪은 별것도 아닌 것이고 조사선祖師禪이 되어야 옳다" 이렇게 해서 부질없는 논쟁을 했습니다.

이러한 것은 사실은 희론戲論입니다. 희롱할 희戲자, 말씀 론論자, 희론戲論인 것입니다. 왜 그러냐 하면 달마達磨 스님 때부터 육조六祖 스님 때까지는 조사선祖師禪과 여래선如來禪의 구분이 없었습니다. 또는 마조馬祖 스님이나, 임제臨濟 스님이나, 백장百丈 스님이나, 황벽黃檗 스님이나 그러한 분들이 활동했던 당나라 때도 조사선祖師禪과 여래선如來禪의 구분이 없었습니다. 사실 여래선如來禪이란 말은 그 전부터 있었는데 송나라 때 와서 비로소 조사선祖師禪과 비교해서 여래선如來禪보다 조사선祖師禪이 더 높다고 했던 것입니다. 그러나 진리眞理에 대해서 자기 생명을 걸고 공부하지 않은 분들이 남의 말꼬리만 따라서 그렇게 말하는 것은 이제는 도태淘汰가 되어야 됩니다.

지금은 무서운 시대가 아닙니까? 무시무시한 정보의 혼란 가운데서 꼭 "순수한 정보情報", "부처님의 정법正法", "부처님께서 어떻게 했던가" 이러한 것을 분명히 알아서 부처님께서 하신 대로, 정통조사正統祖師가 말한 대로 그대로 옮겨야 됩니다. 우리가 공부를 얼마만큼 했으면 "내 공부가 정통조사正統祖師가 말한 대로 들어맞는가 들어맞지 않는가" 이와 같이 점검를 해야 됩니다.

따라서 선禪이라 하면 오온개공관五蘊皆空觀, 또는 제법개공관諸法皆空觀까지도 다 준비과정이라 하겠고 실상관實相觀, 즉 일진법계관一眞塵法界觀·반야바라밀般若波羅蜜·진여삼매眞如三昧·일상삼매一相三昧·일행삼매一行三昧·해인삼매海印三昧·금강삼매金剛三昧·여래선如來禪·조사선祖師禪·자성선自性禪 등이 모두가 다 똑 같은 참다운 참선법參禪法에 해당합니다.

따라서 우리가 참선參禪을 할 때는 이렇게 되어야 올바른 참선參禪이 됩니다. 바꿔서 말씀드리면 우리의 마음이 현재는 어

떠한 마음이든 간에 "우리 마음의 본래 자성自性, 본래 불성佛性
이 우주에 충만해 있어서 모든 존재가 하나의 불성佛性이다. 그
리고 그 자리에는 만공덕滿功德이 다 원만히 갖추고 있다" 이렇
게 느끼고서 하는 것이 실상관實相觀이고, 일진법계관一眞法界觀
이고 반야바라밀般若波羅蜜이고, 진여삼매眞如三昧, 일상삼매一相
三昧고, 일행삼매一行三昧, 해인삼매海印三昧고, 금강삼매金剛三昧,
여래선如來禪이고 하는 것입니다.

VI

선禪의 종류種類

VI 선禪의 종류種類

<요략要略 6>

1. 외도선 : 대이계흔상염하이수
   外道禪　帶異計欣上厭下而修

2. 범부선 : 정신인과역이흔염이수
   凡夫禪　正信因果亦以欣厭而修

3. 소승선 : 오아공편진지리이수
   小乘禪　悟我空偏眞之理而修

4. 대승선 : 오아법이공소현진리이수자
   大乘禪　悟我法二空所顯眞理而修者

5. 최상승선 : 약돈오자심본래청정 원무번뇌 무루지성
   最上乘禪　若頓悟自心本來淸淨　元無煩惱　無漏智性

   본자구족 차심즉불 필경무이 의차이수자 시최상승선
   本自具足　此心卽佛　畢竟無異　依此而修者　是最上乘禪

   역명여래청정선
   亦名如來淸淨禪

　　　　　　　　　　——『선원제전집도서禪源諸詮集都序』

82

선禪의 종류種類라, 여러분들 중 강원講院에서 배우신 분들은 『선원제전집도서禪源諸詮集都序』를 다 아시지 않습니까? 『도서都序』를 비록 쉽게 배우기는 해도 굉장히 위대한 논장입니다. 사실 『화엄경』을 다 마스터하고서 배우는 것이 이 『도서都序』입니다. 왜 그러냐 하면 선교일치禪敎一致를 말하는 것이 이 『도서都序』에 들어있기 때문입니다. 그래서 보조 국사의 어록도 이 『도서都序』에서 참고를 많이 하였습니다.

1. 외도선外道禪

외도선外道禪이라, 참다운 선禪은 앞의 실상관實相觀에서 말한 일진법계관一眞法界觀·반야바라밀般若波羅蜜·진여삼매眞如三昧·일상삼매一相三昧·일행삼매一行三昧·해인삼매海印三昧·금강삼매金剛三昧·여래선如來禪인데 우리는 일부러 다른 명상법과 비추어 대비해 보아야 할 필요가 있습니다.

외도선外道禪이란 무엇인가, "대이계흔상염하이수帶異計欣上厭下而修라", 이 말은 무슨 뜻이냐 하면 무슨 재주를 구하려 하고, 또는 무슨 명상을 하면은 가족적으로 화합이 되고 사람끼리도 서로 좋아지게 됩니다. 이와 같이 세간적世間的인, 기능적機能的인 문제를 목적으로 하고서 그밖의 나쁜 것은 싫어하고 그보다 수승殊勝한 것은 좋아하는 마음에서 닦는 일반적인 명상법은 모두가 다 외도선外道禪입니다. 우리 불자님들은 그 한계를 분명히 아셔야 됩니다.

앞서 말씀드린 바와 같이 부처님 법의 진여불성眞如佛性 자리를 모르고서 그냥 자기 몸이 좋아진다거나 또는 기氣운동을 하면 호흡이 좋아져서 머리가 맑아온다거나, 이러한 하나의 유위법적有爲法的인, 세간적世間的인 기능을 위해서, 또는 어떤 재주를 위해서 산에 가서 공부를 하면 영통해 가지고서 뭘 많이 안다든가 하는 것은 모두가 다 외도선外道禪에 해당합니다. 마인드 컨트롤이라든가 그러한 것도 범주範疇로 봐서는 모두가 다 외도선外道禪에 해당하는 셈입니다.

2. 범부선凡夫禪

범부선凡夫禪이라, "정신인과역이흔염이수正信因果亦以欣厭而修라", 이것은 무슨 뜻인가 하면 불법문중에 들어와서 비로소 인과因果를 믿는다는 말입니다. 인과를 믿는다고 볼 때 우리가 아무리 복福을 구하려고 애를 쓰더라도 먼저 복을 지어야 복을 받지 않습니까. 착한 행동을 해야 복을 받는 것이지 아무렇게나 해가지고서 남을 미워하거나, 또는 남한테 진심瞋心을 내거나 남을 짓궂게 생각하는 사람들이 복을 받을 수는 없는 문제입니다. 따라서 인과因果라, 선인락과善人樂果라, 우리가 착한 행동을 했을 때는 필연적으로 안락을 받게 됩니다. 그리고 우리 마음이 나쁜 짓을 했을 때는, 다시 말해서 탐貪・진瞋・치癡 삼독심三毒心을 미처 못 떠나고서 탐욕貪慾을 부리고 진심瞋心을 내고 어리석은 마음을 품었을 때는 필연적으로 고苦를 받게 됩니다. 이러한 것을 알고서 닦는 선법禪法, 이것이 이른바 범부선凡夫禪입니다.

84

3. 소승선小乘禪

소승선小乘禪이라, "오아공편진지리이수悟我空偏眞之理而修라" 이 것은 부처님 법을 조금 더 알아가지고서 "나라는 것은 원래 오온 五蘊이 합해져서 되었으므로 원래 참다운 나란 없는 것이다" 이 렇게 생각하고 아공我空을 느끼지만 "다른 존재는 그대로 있는 것이겠지"라고 생각하고서 닦는 것이 소승선小乘禪입니다.

다시 한 번 말씀드립니다. 앞서 말씀드린 바와 같이 이것은 다른 존재가 원래 있지가 않은 것인데 "다른 존재가 이대로 꼭 존재한다", "다른 것이 꼭 이대로 있다" 이렇게만 생각할 때는 그것은 아직은 닦아도 소승선小乘禪입니다. 염불念佛을 하든, 또 는 화두話頭를 참구參究하든 그러한 것은 별도 문제로 하고라도 그와 같이 다른 것이 있다고 생각할 때는 아직은 소승선小乘禪 이 됩니다.

다시 말해서 자기가 다 공空했다고 생각을 하지만 아직 다른 것은 존재한다는 생각을 미처 못 여의고서 닦는 선禪이 소승선 小乘禪입니다.

4. 대승선大乘禪

대승선大乘禪이라, 이것은 "오아법이공소현진리이수자悟我法二 空所顯眞理而修者라" 이 뜻은 무엇인가 하면 "나만 빈(空) 것이 아니라 일체 존재, 즉 우리 주변에 있는 산이나 바다나 또는 무 슨 학설이나 또는 다른 어떤 책이나 이러한 것이 모두가 본래本

來로 허망한 것이다"라고 생각하여 아집我執과 법집法執을 떠나서 "이러한 것이 다 비어 있고 참말로 있는 것은 진리眞理뿐이다" 이렇게 생각하고 닦는 것이 대승선大乘禪입니다.

5. 최상승선最上乘禪

최상승선最上乘禪이라, 이것은 모두를 다 포괄하는 선禪입니다. 이 법문法門이 좀 어려우나 이것은 앞에서 말씀드린 『도서都序』에도 있고 『보조어록』에도 아주 역력히 있는 법문法門이고, 또 대승불교大乘佛敎에서도 이와 같이 표현되지는 않았다 하더라도 이러한 뜻이 다 포함되어 있습니다.

제가 구체적으로 설명을 드리겠습니다. 이러한 것을 외워두면은 참 좋습니다. "약돈오자심본래청정若頓悟自心本來淸淨이라", 만약 우리 마음이 본래本來 청정淸淨한 것을 문득 깨닫고서, "원무번뇌元無煩惱라", 문득 깨달았으므로 그때는 그야말로 본래 번뇌煩惱가 없어진다는 뜻입니다. 번뇌煩惱가 있다는 것은 나한테 갖추어진 자기의 본래 성품, 즉 불성佛性을 깨닫지 못했을 때 번뇌煩惱가 있다고 보는 것이지 본래 성품이 청정淸淨하다고 이론적으로라도 알게 되면 그 때는 이제 "나한테도 본래는 번뇌煩惱가 없는 것이구나" 하고 생각하게 됩니다.

그러므로 "무루지성본자구족無漏智性本自具足이라" 조금도 때묻지 않은 부처님의 지혜智慧를 본래 스스로 갖추고 있습니다. 다만 우리가 제대로 삼매三昧를 못 닦아서 발휘를 못하는 것뿐이지 원래는 다 갖추고 있습니다. 다시 말해서 본래 내가 청정淸

淨한 것이기 때문에 번뇌煩惱가 없는 무루지성無漏智性, 즉 때묻지 않은 반야바라밀지혜般若波羅蜜智慧를 원만히 갖추고 있는 것입니다.

따라서 "차심즉불此心卽佛이라", 이 마음이 바로 부처라는 뜻입니다. "필경무이畢竟無異라", 이 마음이 바로 부처여서 필경畢竟에는 다르지 않습니다. 다시 말해서 부처와 더불어서 똑 같다는 뜻입니다. 그래서 "의차이수자依此而修資라", 이렇게 해서 닦는 것이 비로소 최상승선最上乘禪입니다. 또한 이것이 여래청정선如來淸淨禪이고, 이른바 일상삼매一相三昧·진여삼매眞如三昧·일행삼매一行三昧·해인삼매海印三昧·금강삼매金剛三昧인 것입니다.

VII

수행修行의 계제階梯

VII 수행修行의 계제階梯

<요략要略 7>

一. 사선근 사가행 『구사론』 『성실론』 『유식론』
　四善根　四加行　俱舍論　成實論　唯識論

1. 난(난)법 … 명득정　　2. 정법 … 명증정
　煖(煩)法　　明得定　　　頂法　　明增定

3. 인법 … 인순정　　4. 세제일법 … 무간정
　忍法　　印順定　　　世第一法　　無間定

二. 사선정
　四禪定

1. 초선정　　2. 이선정
　初禪定　　　二禪定

3. 삼선정　　4. 사선정
　三禪定　　　四禪定

三. 사공정(사공처·사무색)
　四空定　四空處　四無色

1. 공무변처　　2. 식무변처
　空無邊處　　　識無邊處

3. 무소유처　　4. 비상비비상처
　無所有處　　　非想非非想處

※
사아함경중 四禪·四空·滅盡定成就 사십일개소
四阿含經中　四禪·四空·滅盡定成就　四十一個所

※
최승 최묘 설 『중아함경』 168 「의행경」
最勝 最妙 設 中阿含經 168 意行經

제정중차정 최제일 최대 최상
諸定中此定 最第一 最大 最上

九구次차第제定정
九次第定

四. 멸진정(멸수상정) … 색온 또는 이에 염오된
　　滅盡定 滅受想定　　色蘊　　　　　染汚

　　사온(수상행식)의 염심을 멸진하고 정심에
　　四蘊 受想行識　　染心　滅盡　　淨心

　　주하여 상락아정의 일대인아를 성취하는 삼매
　　住　　常樂我淨　一大人我　成就　　三昧

수행修行의 계제階梯라, 이것은 우리 불자님들이 꼭 알아야 합니다. 우리가 본래로 불성佛性이 있다 하더라도 업장業障을 많이 지어놔서, 즉 나쁜 버릇을 많이 들여놔서 이것을 녹여 버릴 때는 상당히 순서가 필요합니다. 이것도 역시 근본불교根本佛教에 있는 것을 다 원용援用했습니다. 수행修行의 계제階梯란 닦아나 가는 순서를 말합니다.

1. 사선근四善根

사선근四善根이라, 사가행四加行이라고도 합니다. 이것은 우리 범부중생凡夫衆生이 견성오도見性悟道까지 들어갈 때의 네 가지 단계의 한계를 말하는 것으로서 『구사론俱舍論』, 『성실론成實論』, 『유식론唯識論』, 『지도론智度論』 등의 여러 『논장論藏』에 다 들어있습니다.

제가 말씀드리는 것은 제 말이 아닙니다. 부처님이나 조사 스님의 말씀을 그대로 보태지 않고 옮기고 있을 뿐입니다.

1) 난법煖法 : 명득정明得定

사선근四善根은 앞서도 말씀드린 바와 같이 우리 범부중생凡夫衆生이 성불成佛까지 가는 과정의 네 단계인데 맨 처음이 난법煖法입니다. 난법煖法은 명득정明得定이라 합니다. 이것은 무엇이냐 하면 우리가 참선參禪이나 염불念佛을 할 때 우리의 마음이 통일이 되어서 고요해지면 고요한 가운데서 마음이 시원합니다. 시원한 맛을 다소라도 봤으면은 참선參禪을 자꾸라도 하려고 할 텐데 시원한 맛을 못 봤으면 그때는 참선參禪이 괴롭기만 한 것입니다. 그래서 명득정明得定이라, 이것은 밝은 기운이 들어와서 눈도 시원해지게 되는 것입니다. 그러면 그때는 가뿐해져서 자기 몸에 대해서 별로 무게를 느끼지 않습니다.

우리 불자님들, 공부하는 것이, 다시 말해서 참선參禪하는 것이 절대로 어려운 일이 아닙니다. 참선參禪하는 것이 사실은 제일로 쉬우면서 가장 행복한 것입니다. 그러기에 드디어는 그걸로 깨달아서 우리의 본래성품本來性品, 고향자리로 들어가지 않습니까, 난법상煖法相 명득정明得定은 이렇게 시원스럽게 되는 것입니다.

2) 정법頂法 : 명증정明增定

정법頂法이라, 우리의 마음이 맑아지면 그때는 욕심도 차근차근 줄어들고 진심瞋心도 차근차근 줄어듭니다. 성을 잘 내고, 또는 욕심慾心을 많이 내고 하는 사람들은 그만큼 마음이 어두운 증거입니다. 마음이 개운해지고 시원스러워지면 다른 사람들이 모두 다 곱게 보이고 아름답게 보입니다. 같은 달도 우리가 슬퍼서 보면 달도 우는 것처럼 보이고, 기분이 좋아서 보면 달도 미소를 띠고 보는 것 같지 않습니까. 그와 똑같은 것입니다.

정법頂法 이것은 우리 욕심慾心이나 탐심貪心이 녹아져서 훨씬 더 밝아오는 것입니다. 이럴 때는 맑은 기운 가운데서 어렴풋이 빛이 비춰옵니다. 왜 빛이 비춰오는가. 우주宇宙란 것이 사실은 빛뿐이기 때문입니다. 앞서 제가 비로자나불毘盧遮那佛에서 말한 바와 같이 비로자나毘盧遮那라는 것은 무엇인가 하니 그것은 광명변조불光明遍照佛입니다. 부처님의 그 청정광명淸淨光明은 눈부신 광명光明이 아니라 청정적광淸淨寂光 청정광명淸淨光明이며 우주에 충만充滿해 있습니다. 그런데 그러한 광명光明 가운데서 그 공덕功德이 하도 많은 무량공덕無量功德이기 때문에 이 삼천대천세계三千大千世界가 우러나오는 것입니다.

별의 은하계銀河系요, 태양계太陽系요, 또는 나요, 너요, 자연계의 만유萬有가 모두 다 마찬가지로 우주에 들어있는 순수 에너지, 광명 에너지로부터 나오는 것입니다. 만유萬有가 나왔다가 종당에는 다시 그와 같이 광명光明으로 돌아갑니다. 만법萬法이 귀일歸一이요, 또는 일一이 다시 만법萬法으로 되는 것입니다.

우주란 것은 그야말로 신비神秘에 차 있습니다. 청정무변淸淨無邊한 진여불성眞如佛性이 그러한 광명으로부터서 다시 성겁이 되고, 또는 만유가 사는 주겁이 되고 다시 엔도르핀endorphin이 증장되면서 그때는 파괴됩니다. 그러다가 그때는 텅텅 비어지는 제로Zero가 됩니다. 그러나 제로Zero가 되었다고 해서 아무것도 없는 것이 아니라 광명은 그대로 충만해 있습니다. 무색계無色界는 물질이 아니므로 그대로 있습니다. 따라서 무색계無色界에는 또한 중생도 있습니다. 이와 같이 정법頂法, 이것은 맑은 기운이 조금 더 증장增長이 되어서, 더 불어나서 밝은 빛이 솟아오는 것입니다.

3) 인법忍法 : 인순정印順定

인법忍法이라, 인법忍法 이것은 모든 것을 잘 참는 것입니다.

아직은 성자聖者가 아니기 때문에 온전히 다는 못 참아도 그래도 상당히 많은 것을 잘 참습니다. 누가 기분 나쁜 소리를 해도 "아, 모두가 다 허망한 것이지 않는가" 하고 누가 까닭없이 따귀를 때려도 "아, 내 몸도 허망하고 그대로 허망한 것인데 이것은 별것이 아니지 않는가" 하고 다 참아지는 것입니다. 그래서 인법忍法은 인순정印順定이라, 이때는 우리가 경經을 그렇게 많이 안 배워도 경經만 보면 "아 그렇구나, 그렇구나" 하고 알아지게 됩니다.

우리 마음은 신비부사의神秘不思議한 것입니다. 육조혜능六祖慧能 스님이 8만4천 법문法門을 다 보신 것이 절대로 아닙니다. 마음이 맑아서 그 마음의 무량공덕無量功德이 솟아 올라와서 그와 같이 무수무량無數無量한 법문法門을 다 알았던 것입니다. 그런데 우리가 아직은 성자聖者가 못 되어서 인법忍法만 되더라도 모든 진리眞理에 대해서 별로 헤매지를 않습니다. 불경佛經을 보더라도 배우지 않았어도 "아, 이것은 옳구나, 또는 옳지 않구나" 하고 그냥 분별이 됩니다. 그리고 이때는 빛도 앞의 정법頂法보다는 더 빛나게 됩니다.

4) 세제일법世第一法 : 무간정無間定

세제일법世第一法이라, 인간세상에서는, 다시 말하자면 성자聖者가 못된 범부凡夫의 차원에서는 제일 높은 법이 이 세제일법世第一法입니다. 이것을 무간정無間定이라고도 하는 것은 번뇌가 사이에 낄 수 없기 때문입니다. 그래서 무간정無間定에 들면 다만 시간문제이지 그때는 꼭 성자聖者가 되고 도인道人이 됩니다. 다시 말해서 불성佛性을 보게 되는 것입니다. 그래서 세제일법世第一法일 때는 빛이 정말로 온전한 빛으로 비춰오게 됩니다.

제가 이런 것을 너무 말씀드리면 빛을 안 보고도 봤다고 거짓말을 할 사람들이 나올 염려가 있기 때문에 많은 말씀을 드리지는 않겠습니다.

2. 사선정四禪定과 사공정四空定

이렇게 되어서 비로소 선정禪定에 들어갑니다. 선정禪定은 사선정四禪定·사공정四空定·멸진정滅盡定의 차등이 있습니다.

사선정四禪定은 초선정初禪定·이선정二禪定·삼선정三禪定·사선정四禪定입니다. 그리고 사공정四空定은 공무변처空無邊處·식무변처識無邊處·무소유처無所有處·비상비비상처非想非非想處입니다. 그리고 모든 번뇌煩惱를, 즉 나라는 뿌리나 모든 무명번뇌無明煩惱의 뿌리를 뽑아버리는 선정禪定, 그러한 명상瞑想이 이른바 멸진정滅盡定입니다. 그래서 사선정四禪定·사공정四空定·멸진정滅盡定을 합해서 구차제정九次第定이라고 합니다.

제가 『아함경』을 연구해 봤더니 『아함경』 가운데는 구차제정九次第定 말씀이 마흔 한 번이나 들어 있었습니다. 그렇게 많이 설해졌다는 사실에서 부처님께서 얼마나 이 구차제정九次第定을 역설力說했던가를 알 수가 있겠지요. 부처님께서 열반涅槃에 드실 때도 구차제정九次第定에 들어서 열반涅槃에 드시고 성도成道하실 때도 구차제정九次第定에 들어서 성도成道하셨다는 것이 선교사禪教史에 나와 있습니다.

　이러한 것들은 앞서 말씀드린 바와 같이 절대로 제 말이 아닙니다. 따라서 우리가 공부할 때도 정정을 바로 닦아야지 헛것을 깨달아서는 안 됩니다. 부처님께서 말씀하신 그대로 깨닫기 위해서는 꼭 구차제정九次第定을 거쳐서, 즉 선정禪定을 거쳐서 깨달으셔야 됩니다. 물론 이것도 하루에 깨달은 분이 있고, 또는 몇 생生을 가도 못 깨달은 분도 있습니다. 그러나 하여튼 순서만은 이런 것이고 빠르고 더디고는 그 사람의 근기根機에 매였으므로 다만 얼마만큼 용맹정진勇猛精進하는가에 달렸습니다. 용맹정진勇猛精進하는 분들은 이레만에도 깨닫고 멸진정滅盡定을 성취成就할 수가 있겠지요.

　부처님 가르침은 그와 같이 어느 때, 어느 순간에나 비약할 수 있는 대자유의 길이 있습니다. 가령 우리가 "산꼭대기에서 한 발자국도 움직이지 말고 거기서 살다가 죽어라" 그렇게 운명지워졌다 하더라도 그 자리에서 바로 성불成佛할 수가 있습니다. 사형수가 사형대에 올라있는 찰나에도 정말로 마음이 사무쳐서 "내 본래면목本來面目은 아무 번뇌煩惱가 없는 석가모니釋迦牟尼와 똑같은 진여불성眞如佛性이다" 이렇게 100%로 믿는다면 사형대 위에서도 순간 깨달아서 죽음을 받지 않고 영생永生의 길을 찾을 수가 있는 것입니다. 이것이 바로 부처님 법法입니다.

　<요략要略 7>을 보면 이 구차제정九次第定에 관해서 왼쪽에 ※표가 있습니다. 이것은 『아함경』에 들어 있는 부처님의 육성肉聲같은 경經입니다. 『아함경』에 들어있는 제정諸定 중中 모든

선정禪定 가운데서 구차제정九次第定 이것이 최제일最第一이고, 또는 최대最大라 가장 크고, 또는 최상最上이며, 또는 최승最勝이라 가장 수승하고, 또는 최묘最妙라 가장 신묘神妙하다고 설했습니다. 얼마나 중요하기에 최제일最第一, 최대最大, 최상最上, 최승最勝, 최묘最妙라고 반복하고 반복해서 설명을 하셨겠습니까. 이것은 『중아함경中阿含經』 168 「의행경意行經」에 있는 말씀입니다.

그리고 사四『아함경阿含經』 중에서도 사선정四禪定·사공정四空定·멸진정滅盡定을 성취해서 제대로 진여불성眞如佛性 자리를 깨닫는다는 법문法門이 마흔 한 군데가 있습니다.

3. 멸진정滅盡定

멸진정滅盡定이라, 이것은 멸수상정滅受想定이라고도 합니다. 색온色蘊 또는 이에 염오染汚된 사온四蘊(受·想·行·識)의 염심染心을 멸진滅盡하고 정심淨心에 주住하여 상락아정常樂我淨의 일대인아一大人我를 성취成就하는 삼매三昧가 멸진정滅盡定입니다. 다시 말하자면 나我라 하는 근본 뿌리, 우리 범부성의 근본뿌리, 생사윤회하는 근본뿌리를 몽땅 없애고서 참다운 진지의 본체, 진리의 고향에 들어가는 삼매三昧가 멸진정滅盡定, 또는 멸수상정滅受想定입니다. 따라서 어느 도인道人이나 제대로 멸진정滅盡定에 들어가야 비로소 참다운 도인道人이 되는 것이지 아무리 똑똑한 짓을 하고 큰스님 말을 듣는다 하더라도 멸진정滅盡定에 못 들어가면 아직은 참다운 성자聖者가 못 되는 것입니다.

VIII

선정禪定 십종공덕十種功德

VIII 선정禪定 십종공덕十種功德

<요략要略 8>

1. 안주의식
   安住儀式

2. 행자경계
   行慈境界

3. 무번뇌
   無煩惱

4. 수호제근
   守護諸根

5. 무식희락
   無食喜樂

6. 원리애욕
   遠離愛慾

7. 수선불공
   修禪不空

8. 해탈마견
   解脫魔羂

9. 안주불경
   安住佛境

10. 해탈성숙
    解脫成熟

선정禪定의 십종공덕十種功德이라, 이것은 참선參禪의 열 가지 공덕功德을 말합니다. 이러한 것은 공덕功德이니까 그때 그때 외워두시고서 참선參禪을 절대로 어렵다고 생각하지 마십시오.

우리 마음이 가장 순조롭게 들어가는 것은 선정禪定에 의해서입니다. 부처님 법은 대자유의 법法이고 우주宇宙의 법도法道에 따르는 것이기 때문에 가장 온당한 법法입니다. 온당한 법法이나 계행戒行을 지키지 않고 닦을려고 하면 그때는 연목구어緣木求魚, 숲에 가서 물고기를 구함입니다. 증사작반蒸砂作飯입니다. 이것은 『능가경楞伽經』에 있는 법문法門입니다. 증사작반蒸砂作飯은 모래를 삶아서 밥을 짓는다는 말입니다. 모래를 삶아서 밥이 되겠습니까. 그와 마찬가지로 도덕률道德律을 지키지 않고, 즉 계행戒行을 지키지 않을 때는 아무리 참선參禪을 애써 해도 될 수가 없습니다. 이처럼 부처님 법法은 준엄하고도 엄숙한 것입니다.

1. 안주의식安住儀式

안주의식安住儀式이라, 참선參禪을 하면 벌써 자기 행동도 맑아지고 또 예의도 바르게 됩니다. 참선參禪이라는 것이 좀 어렵기는 하지만 몸도 단정히 하고 그야말로 계행戒行도 밝아야 참선參禪이 되는 것이기 때문에 마땅히 예식禮式도 바르고 그러겠지요.

2. 행자경계行慈境界

행자경계行慈境界라, 참선參禪을 좀 했다고 하면 그때는 불성佛性에 가까워지는 것이기 때문에 들어가면 들어갈수록 더 자비스럽습니다. 남에게 다 양보하고 항시 남에게 좋게 하고, 보시布施도 자기 힘 따라서 하는 것이 이른바 수행자修行者의 경계境界입니다.

3. 무번뇌無煩惱

무번뇌無煩惱라, 이것은 번뇌煩惱가 없다는 말입니다. 불성佛性에 가까워지므로 번뇌煩惱가 있을 리가 있겠습니까. 견성오도見性悟道하면 다시 말할 것도 없지만 견성오도見性悟道를 미처 못했다 하더라도 들어가는 과정에 있어서도 차근차근 번뇌煩惱가 줄어들게 됩니다.

4. 수호제근守護諸根

수호제근守護諸根이라, 참선參禪을 하면 귀도 밝아지고 눈도 밝아지고 다 그렇습니다. 물론 "참선參禪을 하면 몸을 버린다" 이렇게 생각하는 사람들도 있습니다. 그러나 참선參禪하는 사람들이 약봉지나 가지고 다니고 그러면 참선參禪을 바르게 하지 않았다는 증거가 됩니다. 참선參禪하면 모두가 다 수호제근守護諸根이 됩니다. 피가 맑아지고, 피가 맑아지면 가슴도 맑아지고, 또한 머리도 맑아집니다. 그러면 모든 기능도 훨씬 좋을 것입니다.

여기에 계시는 어느 보살님 한 분도 제 눈으로 지금도 보고 있고 상당히 여러해 동안 느끼고 있습니다만은 그전보다 훨씬 더 건강하고 모든 기능이 훨씬 더 우수해진 것을 본인도 느끼고 있고 저도 옆에서 보고서 기쁘게 생각합니다.

5. 무식희락無食喜樂

무식희락無食喜樂이라, 사실은 참선參禪할 때는 그 법法의 선열禪悅 때문에 안 먹어도 별로 배고프지가 않습니다. 꼭 음식만으로 우리 몸뚱이를 자양하는 것은 아니므로 좀 덜 먹는다 하더라도 정말로 공부를 부지런히 한다면 며칠 안 먹어도 그때는 별것도 아닌 것입니다. 그렇게 40일간 단식斷食한 분도 있고 한 달간 단식한 분도 있고 그러지 않습니까. 그러나 꼭 여러분들에게 단식을 하라는 것은 절대로 아닙니다.

하여튼 우리가 같은 것을 먹는다 하더라도 참선參禪하면서 먹으면 훨씬 더 모두가 다 살로 가고 피로 가고 할 것입니다. 그러나 너무 많이 먹으면 그때는 참선參禪에도 해롭고 몸에도 해롭습니다. 가급적이면 적게 먹고 깨끗이 먹어야 됩니다. 오신채五辛菜나 고기 같은 것은 안 먹어야 됩니다. 우리 승방僧房에서도 그러한 것을 먹는 분들이 더러 있지만 그것은 부처님의 가르침을 존엄하게 생각하지 않는 것입니다. 부처님께서 하신 말씀은 거짓말이 하나도 없습니다. 모두가 다 꼭 우리가 공부하기 쉽게 우리 몸에도 좋고 마음에도 좋고 누구한테도 좋게 말씀하셨습니다.

우리가 육식肉食을 하면 손자비損慈悲라, 자비심慈悲心을 손상하게 됩니다. 악귀惡鬼나 나쁜 귀신鬼神들은 그러한 나쁜 고기냄새를 좋아합니다. 그러나 천상의 선신善神들이나 훌륭한 그야말로 좋은 신들은 그러한 냄새를 다 싫어합니다.

이와 같은 부처님 말씀은 하나같이 귀중하지 않은 것이 없습니다. 맑은 마음으로 부처님 경전經典을 본다면 정말로 어떻게 고마운지 눈물이 한없이 솟아나올 수밖에 없습니다. 그렇게 고맙습니다. 이와 같이 성불成佛하는 길은 우리 몸에도 좋고 마음에도 좋으며 누구한테나 다 좋은 길입니다.

6. 원리애욕遠離愛慾

원리애욕遠離愛慾이라, 이것은 애욕愛慾을 떠난다는 말입니다. 이성적인 욕심慾心은 범부성凡夫性을 마지막 뗄 때까지 따라다닙니다. 그렇게 지겨운 것입니다. 이처럼 이성간의 욕심慾心은 굉장히 무서운 것입니다. 마지막까지 달라붙는 것이므로 우리가 비로소 견성오도見性悟道를 정확히 하고 그 다음에 보살제이지菩薩第二地인 이욕지離慾地가 되어야 비로소 온전히 성욕性慾을 뗍니다. 그만큼 무서운 것이겠지요. 그러니까 재가불자在家佛子님들은 무리하지 마시고 내외분끼리 정결精潔히 사시고 그렇게 지내시면서 동지가 되어서 함께 불법佛法을 탁마琢磨하시기 바랍니다.

7. 수선불공修禪不空

수선불공修禪不空이라, 보통은 "제법공諸法空을 닦으면 공空에 떨어진다. 무기공無記空이다" 그렇게 염려를 합니다. 그러나 이론적으로 따져서 그러는 것이지 닦아나갈 때는 공空에 떨어지지 않습니다.

수선불공修禪不空이라, 왜 그러냐 하면 공空의 정체正體가 공空이 아니기 때문입니다. 공空이 어디에 따로 있는 것이 아닙니다. 공空의 정체는 바로 불성佛性입니다. 불성佛性이기 때문에 우리가 잘못 보는 것만 다 부정否定을 해서 제법공諸法空 도리道理가 되면 바로 중도실상中道實相의 불성佛性을 증명하게 됩니다. 그래서 수선불공修禪不空이라 하는 것입니다.

8. 해탈마견解脫魔羂

해탈마견解脫魔羂이라, 이것은 우리의 마음을 얽어매는 모든 삿된 것을 다 풀어버리는 것입니다.

9. 안주불경安住佛境

안주불경安住佛境이라, 이것은 부처님의 위없는 행복의 경계境界에 우리가 편안히 머무는 것입니다. 우리의 마음을 편안히 하는 것 외에 그밖의 것은 편안한 것이 아무것도 없습니다. 돈도, 지위도, 감투도, 이성도, 그 어느 것도 우리의 마음을 참으로 편하게는 못 합니다. 오직 우리 마음이 생명의 본래 자리, 즉 진여불성眞如佛性에 안주安住할 때 비로소 참다운 안주安住, 안심安心과 안락安樂이 있게 됩니다.

10. 해탈성숙解脫成熟

해탈성숙解脫成熟이라, 이때는 성불成佛의 경계境界에 들어가게 됩니다.

선정禪定 십종공덕十種功德 이것은 『월등삼매경月燈三昧經』 7에 있는 내용입니다.

염력강고 오욕적중 불위소해
念力强故 五慾賊中 不爲所害
—— 『유교경遺敎經』

다음은 "염력강고오욕적중불위소해念力强故五慾賊中不爲所害라", 이것은 『유교경遺敎經』에 설설說設해진 말씀입니다. 부처님께서 맨 나중에 설하신 경이 『유교경遺敎經』입니다.

부처님이라든가, 염불念佛이라든가, 또는 화두話頭라든가 그러한 염력念力이 오로지 통일되어서 딱 강할 때는 오욕적중五慾賊中이라도 불위소해不爲所害라, 오욕五慾은 여러분들께서도 다 아시지 않습니까. 재색才色이나 재물욕財物慾, 식욕食慾, 수면욕睡眠慾, 이성욕異性慾, 명예욕名譽慾 등을 말합니다.

일반 세간인들도 오욕五慾을 부리는 것이 그렇게 속물俗物로 보이는데 하물며 법의法衣를 입고서 오욕五慾을 부리는 사람들을 볼 때는 정말로 아연실색啞然失色하지 않을 수 없습니다. 얼마나 불쌍한지 모릅니다. 이 신성한 법의法衣라는 것은 비록 가사袈裟를 수수受受하지 않았다 하더라도 법의法衣는 법의法衣입니다.

법의法衣는 인욕복忍辱服이라, 법의法衣를 입을 때는 모두를 다 인욕忍辱하라는 뜻입니다.

또는 자비복慈悲服이라, 누구한테나 자비慈悲를 베풀라는 뜻입니다.

또는 청정복淸淨服이라, 청정淸淨한 계율戒律을 다 지키라는 뜻입니다.

또는 복전福田이라, 모든 중생衆生이 이 옷만 보고도 환희심歡喜心을 느끼고 공경심恭敬心을 느끼게 하라는 뜻입니다.

이와 같은 의미를 내포하고 있는 것이 법의法衣입니다. 따라서 법의法衣를 입고서 오욕五慾을 못 떠나면 그 때는 속물俗物입니다. 세속분들은 어떤 때는 속물이 될 수밖에 없겠지요. 그러나 적어도 여기 계시는 출가 스님들은 그러한 분들이 한 분도 안 계시고, 또한 우리가 성불成佛할 때까지 그러한 분들이 한 분도 안 나오실 것입니다만은 우리가 한사코 그러한 속물이 되어서는 안 됩니다.

그래서 공부가 우리 마음에 딱 들어있다면 오욕五慾이 설사 우리 환경에 엄습해 온다 하더라도 절대로 거기에 해로움을 받지 않습니다.

일체범부 유관어과 불관인연 여견축괴 불축어인
一切凡夫 唯觀於果 不觀因緣 如犬逐塊 不逐於人
—— 『열반경涅槃經』 25

"일체범부유관어과一切凡夫唯觀於果라", 이것은 일체一切 모든 범부凡夫는 원인原因은 보지 않고 결과結果만 본다는 말입니다. 원인原因은 무엇인가. 일체一切 존재存在의 불성佛性이 바로 원인原因입니다. 우리 중생은 원인原因을 못 보고서 단지 미운 사람이나 고운 사람, 또는 다아이몬드나 금이나 이러한 하나의 물질적인 것만 보게 됩니다. 그래서 이른바 "불관인연不觀因緣이라", 인연因緣을 모르는 것입니다. 그러나 참다운 원인原因인 불성佛性을 봐야 참다웁게 인연因緣을 아는 것이 됩니다.

그것이 마치 "여견축괴불축어인如犬逐塊不逐於人이라", 사람이 흙덩이를 던지면 개란 놈이 미련해서 사람을 쫓아가야 할 것인데 오히려 흙덩어리를 쫓아간다는 말입니다. 그와 같이 원인原因을 볼 때, 즉 성품性品을 볼 때는 우리의 마음이 항시 평안平安하고 공부에서 손을 안 뗄 것인데 미련한 사람들은 상相만 보게 됩니다. 이처럼 상相만 보고 성품性品을 못 보는 것이 마치 개란 놈이 흙덩어리를 던지면 그 사람을 쫓아가지 않고 흙덩이만 쫓아가는 것과 같다는 뜻입니다. 이것은 『열반경』25에 있는 말씀입니다.

명여풍중등 부지멸시절 금일부명일 불각사시지
命如風中燈 不知滅時節 今日復明日 不覺死時至

명명수업연 부지생하처
冥冥隨業緣 不知生何處
———『인과경因果經』

"명여풍중등命如風中燈이라", 사바세계에서의 무상한 목숨은 정말로 허망무상한 것입니다. 바람 가운데 놓인 등불과 같아서 어느 때 꺼질지를 모릅니다. 우리가 지금 쉬고 있는 숨, 한 생각 다시 되돌리지 못하면 바로 죽음입니다. 또한 오늘인가 내일인가 그것도 모릅니다. 그래서 "불각사시지不覺死時至라", 오늘 죽을지 내일 죽을지 그것도 모르면서 어언간에 죽음의 때에 이르게 됩니다. 그러면 그때는 "명명수업연冥冥隨業緣이라", 어두운 가운데서 방향도 없이 헤매이게 됩니다. 따라서 "부지생하처不知生何處라", 어느 곳에 나게 될지도 모릅니다. 이것은 『인과경因果經』에 있는 말씀입니다.

우리는 이와 같이 우리의 생명이 허망무상한 것임을 되뇌어서 해태심懈怠心을 부리지 말고 부지런히 정진精進해야 할 것입니다.

IX

육조단경 제십 부촉품
六祖壇經　第十　付囑品

IX 육조단경 제십 부촉품
六祖壇經 第十 付囑品

<요략要略 9>

여등 약욕성취종지 수달일상삼매 일행삼매 약어일체처 이 부주
汝等 若欲成就種智 須達一相三昧 一行三昧 若於一切處 而不住

상 어피상중 불생증애 역무취사 불념이익 성괴등사 안한염
相 於彼相中 不生憎愛 亦無取捨 不念利益 成壞等事 安閑恬

정 허융담박 차명일상삼매 약어일체처 행주좌와 순일직심 부동
靜 虛融澹泊 此名一相三昧 若於一切處 行住坐臥 純一直心 不動

도량 진성정토 차명일행삼매 약인구이삼매 여지유종 함장장양
道場 眞成淨土 此名一行三昧 若人具二三昧 如地有種 含藏長養

성숙기실 일상일행 역부여시 아금설법 유여시우 보윤대지 여등
成熟其實 一相一行 亦復如是 我今設法 猶如時雨 普潤大地 汝等

불성 비제종자 우자첨흡 실득발생 승오지자 결획보리 의오행자
佛性 譬諸種子 遇玆霑洽 悉得發生 承吾旨者 決獲菩提 依吾行者

정증묘과
定證妙果

이것은 『육조단경六祖壇經』 제10 「부촉품付囑品」에 있습니다. 『단경壇經』은 돈황본敦煌本, 종보본宗寶本, 덕이본德異本, 대승사본大乘寺本이 있으나 여기는 종보본宗寶本, 덕이본德異本에 있는 것을 옮겼습니다. 대체로 지금 일반적으로 유포流布가 된 것은 정리가 잘 되어 있어서 종보본宗寶本과 덕이본德異本을 많이 씁니다. 돈황본敦煌本의 내용은 제일 오래 되었다고는 하지만 정리가 안 되어 있어서 질서가 별로 없습니다. 그러기에 정리가 된 것은 가사 몇절 몇절 해서 정리가 되었지만 이 종보본宗寶本과 덕이본德異本은 후대(10세기)에 나왔기 때문에 정리가 잘 되어 있습니다.

어느 경이나 「부촉품付囑品」은 그 경經의 결론과 같은 품장입니다. 그렇기 때문에 가장 핵심적인 것을 간략하게 내놓은 것이 「부촉품付囑品」입니다. 다시 말해서 후인들에게 이것만은 꼭 명심해야 된다고 강조한 것이 「부촉품付囑品」인 것입니다.

"여등약욕성취종지汝等若欲成就種智라", 부처님의 일체종지一切種智는 부처님을 알 듯 말듯한 그런 것이 아니라 "체용성상體用性相이라", 모든 것을, 즉 본체本體나 또는 현상現象이나 일체의 모두를 다 알 수 있는 지혜입니다. 따라서 그대들이 만약 부처님의 일체종지一切種智를 성취成就하려고 하면 "수달須達 일상삼매一相三昧와 일행삼매一行三昧라", 모름지기 일상삼매一相三昧와 일행삼매一行三昧를 닦아야 합니다. 「부촉품」 외에도 「정혜품定慧品」이나 「좌선품坐禪品」에 보면 일행삼매一行三昧란 말씀이 다섯 군데나 있습니다. 그래서 여기와 합해서 여섯 군데나 있습니다.

이와 같이 일행삼매一行三昧를 얼마만큼 역설力說했는지를 알 수 있습니다. 그렇다면 일행삼매一行三昧란 무엇인가. 이것은 본체本體, 즉 우리 본래本來의 생명자리에다가 마음을 두고서 그 자리를 행주좌와行住坐臥에 놓치지 않고 공부하는 것입니다.

"약어일체처이부주상若於一切處而不住相이라", 만약 모든 일체처一切處에 있어서 부주상不住相하고, 즉 상相에 머물지 않고, "어피상중於彼相中이라", 비록 상相중에 있다 할지라도, 다시 말해서 현상적인 문제에 있어서 분별을 한다 하더라도 "불생증애不生憎愛라", 미워하고 사랑하는 마음을 내지 않고 "불취상모不取相貌라", 또는 "역무취사亦無取捨라", "취하거나 버리지도 말지니라", 따지고 보면 모든 것이 다 진여불성眞如佛性인지라 버릴 것도 취할 것도 없는 것입니다.

우리가 성품에서 본다면 "불념이익성괴등사不念利益成壞等事라", 무엇이 이익되고, 성취가 되고, 또는 이루어지고, 또는 파괴가 되는 이러한 세간적인 분별망상은 하지 말고, "안한염정安閑恬靜이라", 우리 마음을 불심佛心에다 안주安住해야, 즉 거기에 머물게 해야 마음이 편안하고 동요도 없습니다.

"허융담박虛融澹泊이라", 마음이 허공과 같이 맑아서 조금도 어그러짐이 없고 다른 어떤 복잡한 상념想念이 조금도 없게 해야 합니다. 이렇게 하는 것이 일상삼매一相三昧인 것입니다. 그래서 우리가 상相을 내지 않아야 되겠지만 어떤 상황에서 서운할 때는 너다 나다 하는 상相을 낼 수가 있겠지요. 그러나 상相을 낸다 하더라도 미워하거나 사랑하는 마음을 내지 말고, 또는 취하고 버리지도 말고, 또는 무엇이 이익된다, 또는 무엇이 파괴된다, 또는 나에게 손해가 있다 하는 공리적功利的인 생각을 내지말고 마음이 편안하니 그야말로 허공과 같은 담박澹泊이 되어야 이른바 일상삼매一相三昧가 됩니다. 다시 말씀드리면 "우주가 모두 다 하나의 불성佛性이다" 이렇게 되어야 일상삼매一相三昧가 되는 것입니다.

"약어일체처행주좌와若於一切處行住坐臥라", 만약 모든 일체처一切處에 어느 곳이나 행하고(行), 머물고(住), 앉고(坐), 눕고(臥) 하는 데 있어서, "순일직심純一直心이라", 부처님을 지향한 순수한 곧은 마음이 "부동도량不動道場이라", 도량道場 이것은 공부하는 장소라는 뜻도 있고 우리 마음의 본체本體라는 뜻도 있습니다. 따라서 순일純一한 그 마음의 본체本體를 떠나지 않으면, 즉 우리 심장을 떠나지 않으면 그때는 "진성정토眞成淨土라", 바로 극락세계極樂世界를 이룩합니다. 이렇게 되면 그때는 "차명일행삼매此名一行三昧라", 이른바 일행삼매一行三昧가 됩니다.

앞서 말씀드린 바와 같이 "어느 것이나 모두가 다 하나의 진여불성眞如佛性뿐이다", 그렇게 생각하면서 미워하고 사랑하는 마음을 내지 않고, 또는 취取하지도 않고 버리지도 않고 담박澹泊하게 되는 것이 일상삼매一相三昧입니다. 이것은 모두가 다 진여불성眞如佛性이라고 보는 것입니다.

이렇게 하고 행주좌와行住坐臥에, 다시 말해서 행하고, 머물고, 또는 앉고, 눕고 하는 데 있어서 어느 때라도 순일純一한 순수한 마음, 곧은 마음이 우리 마음을 떠나지 않으면 바로 극락세계極樂世界, 즉 정토淨土를 이루게 됩니다. 이것이 이른바 일행삼매一行三昧인 것입니다.

"약인구이삼매若人具二三昧라", 만약 사람이 이 일상삼매一相三昧와 일행삼매一行三昧를 갖춘다면 "여지유종如地有種이라", 마치 땅에다 종자를 뿌려서 오랫동안 그 종자를 머금고서 이것이 "성숙기실成熟其實이라", 그래서 나중에는 드디어 열매를 맺음과 마찬가지로 "일상일행一相一行도 역부여시亦復如是라", 이와 같이 우리 마음에다가 부처님을 두고 오로지 생각하고 일상삼매一相三昧와 일행삼매一行三昧로 수행修行한다면, 마치 땅에다 종자를 묻음과 같이 오래오래 공부를 한다면 마침내 열매를 맺어서 그야말로 훌륭한 성취成就를 할 수 있다는 뜻입니다.

"아금설법我今設法은 유여시우猶如時雨라", 내가 하는 이 설법說法은 마치 비가 내려서 온 대지大地를 촉촉이 적시는 것과 같다. 그래서 "여등불성 비제종자汝等佛性譬諸種子라", 그대들의 불성은 종자種子에 비길 수가 있는 것인데, 마치 종자가 비를 만나서 촉촉이 적셔져서 수분을 흡수해 가지고 싹이 나오듯이 "승오지자承吾旨者는", 내 뜻을 받든 자는 "결획보리決獲菩提라", 결정코 보리菩提, 즉 참다운 반야般若의 지혜知慧를 얻을 수가 있고, "의오행자依吾行者는", 내 뜻에 따라서 수행하는 자는 "정증묘과定證妙果라", 결정코 묘과妙果라, 성불成佛이라 하는 대각大覺을 성취成就할 수가 있다는 말입니다.

이것으로 해서 대체로 여기 사본에 적혀 있는 것은 말씀을 다 드렸습니다. 제가 서두에서도 말씀을 드렸고 그 중간에도 누

누이 말씀을 드렸습니다만은 우리는 지금 어려운 시대에 살고 있습니다. 얽히고 설킨 정보 속에서도 우리가 어떻게 살아야 할 것인가 하는 것은 쉬운 문제가 아닙니다.

종교만 보더라도 종교인의 수가 얼마나 많습니까. 기독교 인구가 20억, 이슬람이 13억, 또는 힌두교가 약 7억쯤 되고, 불교는 약 3억쯤 된다고 합니다. 그런데 다른 가르침으로 해서는 이 혼란한 정보의 가닥을 추려서 맞출 수가 없습니다. 왜 그러냐 하면 철학적으로 보더라도 적어도 본체론적本體論的인, 존재론적存在論的인 문제를 다른 종교에서는 제대로 밝히지를 못했습니다. 상징적으로 종교적宗敎的인, 신학적神學的인 문제로 말했다 하더라도 적어도 철학적哲學的인 체계體系로 본체론적本體論的인 문제를 다른 종교에서는 밝히지 못했습니다. 그러나 그렇다고 해서 그러한 본체론本體論이 다른 종교宗敎에는 안 들어 있다는 말은 절대로 아닙니다. 다만 그러한 것이 그 당시 필요가 없었기 때문에 밝히지를 못하고 체계體系를 안 세웠다는 것 뿐입니다.

그러나 부처님께서는 왕자로 태어나셔서 49년 동안 설법說法을 하셨습니다. 그 당시 왕자나 학자, 또는 누구에게나 말씀한 법문法門이기 때문에 충분히 체계가 잘 갖추어져 있고, 또는 그 뒤에도 용수 보살龍樹菩薩, 제바 보살提婆菩薩, 바수반두세친 보살婆藪槃頭世親菩薩, 달마 대사達磨大師, 사조도신 대사四祖道信大師, 오조홍인 대사五祖弘忍大師, 육조혜능 대사六祖慧能大師, 그 뒤에도 많은 도인들로 해서 체계體系가 확립되고 더욱더 부연설명敷衍說明이 되었습니다. 그렇게 때문에 본체론本體論과 방법론方法論의 체계가 그야말로 굉장히 상밀詳密합니다. 따라서 이 것은 어느 철학과도 비교할 수가 없습니다. 또한 과학적인 문제, 철학적인 문제, 신학적인 문제 등이 거기에 다 들어 있습니다.

그런데 부처님 가르침 가운데서도 특히 달마達磨 스님 때부터 육조혜능六祖慧能 스님 때까지 한 법문法門은 그 핵심 가운데서 도 핵심이 됩니다. 그러기에 순선純禪인 것입니다. 순선純禪은 앞서도 말씀드린 바와 같이 분열分裂이 안 된 불조佛祖가, 즉 부 처님과 조사祖師가 정다웁게 하신 법문法門 그대로인 것입니다. 그러한 내용을 제가 그대로 옮겼습니다.

이 법문法門은 20세기에 있어서 문화의 혼란混亂을 충분히 맑 히고 인간의 참다운 행복인 성불成佛을 성취成就하게 할 수가 있으며 동시에 세계의 진정한 화해와 평화를 성취해 주는 가장 수승殊勝한 법문法門이라고 생각되었기 때문에 순선법회純禪法會 를 마련한 것입니다.

우리 불자님들께서는 제가 말씀드린 것을 참고로 하시고 어 느 때 공부하시든지 간에 앞서 제가 말씀드린 바와 같이 도인道 人인가 아닌가를 바로 알아야 합니다. 적어도 몇천년 동안, 또는 몇백 년 동안 무수한 성자聖者가 다 그대로 검증檢證을 받아야 되는 것인데 검증檢證을 않고 "이 시대의 훌륭한 스님이다"라고 하거나, 또는 어느 문중에서 도인으로 내세우면 도인이 됩니다. 그러나 그런 정도로 해서는 우리가 믿을 수가 없습니다.

어찌됐든 간에 우리 한국만 두고 보더라도 원효 대사元曉大師, 의상 대사義湘大師, 또는 대각 국사大覺國師, 보조 국사普照國師,

태고보우 선사太古普愚禪師, 나옹혜근 선사懶翁惠勤禪師, 또는 조선시대朝鮮時代의 기화득통 선사己和得通禪師, 서산 대사西山大師, 사명 대사四溟大師, 편양언기 선사鞭羊彦機禪師, 설파 대사雪波大師, 초의 선사艸衣禪師 등 이분들의 말씀은 맥락脈絡이 거의 같습니다. 그렇다면 어떤 맥락脈絡이 같다는 말인가. 그것은 선禪과 교敎가 둘이 아니라는 것이며, 또한 염불念佛과 참선參禪이 둘이 아니라는 것입니다.

한국韓國만 그러한 것이 아닙니다. 중국中國도 앞서 말씀드린 바와 같이 달마達磨 스님 때부터 육조혜능六祖慧能 스님 때까지는 제가 법문法門으로 소개를 해드렸으니까 다시 말할 것도 없고, 그 뒤에 화두선법話頭禪法이 임제종臨濟宗 일파一派가 될 때도 역시 그렇습니다.

원나라 때 중봉명본中峰明本 스님은 화두話頭를 참구參究하는 임제파臨濟派입니다. 이 스님은 원나라 때 불교佛敎를 주름잡았던 분인데 이분도 역시 염불念佛과 참선參禪이 둘이 아니고, 교敎와 선禪이 둘이 아니라고 했습니다. 또한 그 이후에 명나라 때에는 4개 고승高僧이 있습니다. 『선관책진禪關策進』을 저술한 운서주굉雲棲袾宏(1532~1612)이나, 또는 자백진가紫栢眞可(1543~1603)나, 또는 지욱우익智旭藕益(1596~1655)이나, 또는 감산덕청憨山德淸(1546~1623) 이분들이 명나라 때의 4대 고승高僧으로 명나라 불교를 대표하는 분들입니다. 이분들이 모두가 다 선禪과 교敎가 둘이 아니고 참선參禪과 염불念佛이 둘이 아니라고 했습니다.

우리는 역사적으로 고찰을 해서 우리 인생을 낭비하지 않아야 됩니다. 부처님 가르침의 정통正統만 믿기에도 우리 인생은 너무나 짧고 시간이 없습니다. 그러므로 자기 평생 동안 나무아미타불南無阿彌陀佛만 외워도 우리 인생은 너무도 짧습니다.

불자님들, 자신의 소중한 생명을 낭비하지 마시고 불법佛法의 정법正法을 만났을 때 꼭 금생今生에 위없는 도道를 성취成就하여서 무량無量한 중생衆生을 제도濟度하시기를 간절히 빌어 마지 않습니다.

나무석가모니불南無釋迦牟尼佛
나무석가모니불南無釋迦牟尼佛
나무시아본사석가모니불南無是我本師釋迦牟尼佛
나무극락도사아미타불南無極樂導師阿彌陀佛
나무마하반야바라밀南無摩訶般若波羅蜜

X

능가사자기 도신장 제오
楞伽師資記 道信章 第五

X 능가사자기[1] 도신장 제오
楞伽師資記　道信章　第五

<요락要略 10>

당조 기주 쌍봉산 도신선사 승찬[2]선사후 기신선사 재창선문 우
唐朝　蘄州　雙峰山　道信禪師　承璨　禪師後　其信禪師　再敞禪門　宇

내유포 유보살계법일본 급제입도안심요방편법문 위유연근숙자설
內流布　有菩薩戒法一本　及制入道安心要方便法門　爲有緣根熟者說

아차법요 의능가경 제불심제일[3] 우의문수설 반야경 일행삼매
我此法要　依楞伽經　諸佛心第一　又依文殊說　般若經　一行三昧

즉염불심시불 망념시범부 문수설반야경운 문수사리언 세존 운하
卽念佛心是佛　妄念是凡夫　文殊說般若經云　文殊師利言　世尊　云何

명일행삼매 불언 법계일상 계연법계 시명일행삼매 선남자 선여
名一行三昧　佛言　法界一相　繫緣法界　是明一行三昧　善男子　善女

인 욕입일행삼매 당선문반야바라밀 여설수학 연후능입 일행삼매
人　欲入一行三昧　當先聞般若波羅蜜　如說修學　然後能入　一行三昧

여법계연[4] 불퇴 불괴 부사의 무애무상 선남자 선여인 욕입일행
如法界緣　不退　不壞　不思議　無礙無相　善男子　善女人　欲入一行

삼매 응처공한 사제란의 불취상모 계심일불 전칭명자[5] 수불방
三昧　應處空閑　捨除亂意　不取相貌　繫心一佛　專稱名字　隨佛方

소 단신정향 능어일불 염념상속 즉시염중 능견과거 미래 현재
所 端身正向 能於一佛 念念相續 卽時念中 能見過去 未來 現在

제불 하이고 염일불공덕 무량무변 역여무량 제불공덕 무이 부사
諸佛 何以故 念一佛功德 無量無邊 亦與無量 諸佛功德 無二 不思

의 운운… 보현경운 일체업장해 개종망상생 약욕참회자 단좌염
議·云云… 普賢經云 一切業障海 皆從妄想生 若欲懺悔者 端坐念

실상 시명제일참 병제삼독심 반연심 각관심⑥ 염불심심상속 흘
實相 是名第一懺 倂除三毒心 攀緣心 覺觀心 念佛心心相續 忽

연징적 갱무소연념 대품경운 무소념자 시명염불 하등 명무소념
然澄寂 更無所緣念 大品經云 無所念者 是名念佛 何等 名無所念

즉염불심 명무소념 리심무별유불 리불무별유심 염불즉시염심 구
卽念佛心 名無所念 離心無別有佛 離佛無別有心 念佛卽是念心 求

심즉시구불 소이자하 식무형 불무상모 약야지차도리 즉시안심
心卽是求佛 所以者何 識無形 佛無相貌 若也知此道理 卽是安心

상억염불 반연불기 즉민연무상 평등불이 입차위중 억불심사⑦
常憶念佛 攀緣不起 則泯然無相 平等不二 入此位中 憶佛心謝

갱불수징⑧ 즉간차등심 즉시여래진실법성지신 역명정법 역명불
更不須徵 卽看此等心 卽是如來眞實法性之身 亦名正法 亦名佛

성 역명제법실성실제 역명정토 역명보리 금강삼매⑨ 본각등 역
性 亦名諸法實性實除 亦名淨土 亦名菩提 金剛三昧 本覺等 亦

명열반계 반야등 명수무량 개동일체
名涅槃界 般若等 名雖無量 皆同一體

※ ①『楞伽師資記』: 敦煌에서 발견. 初期 禪宗史書. 西紀 719~
720 頃 淨覺 지음. 本書가 發見된 후 初期 禪宗史, 特히
北宗禪의 연구가 급속히 進展됨. 內容은 安心法門·達磨의
二入四行·一行三昧·守一不移 등이 說해져 있음. 著者 淨

覺(683~750)은 五祖 弘忍의 嗣法弟 玄賾의 弟子.

② 粲禪師(606~?) : 禪宗東土의 第三祖 僧璨(粲)大師.

③ 諸佛心第一 : 『楞伽經』 券一의 偈에 "大乘의 모든 度門(解
說門)은 諸佛心이 第一이라"고 하였음.

④ 如法界緣 : 法界의 勝緣功德과 같음.

⑤ 專稱名字 : 오로지 佛名號를 稱함.

⑥ 覺觀心 : 覺은 對象을 대강 思惟하는 作用이며, 觀은 한결
細密하게 分別하는 作用으로서 모두 禪宗을 방해함. 新譯
에는 尋伺라 함.

⑦ 憶佛心謝 : 佛을 생각하는 마음도 사라지다.

⑧ 更不須徵 : 다시 佛을 찾고 부를 필요도 없다.

⑨ 金剛三昧 : 一切諸法에 통달하는 三昧·三乘聖者가 최후로
一切의 煩惱를 떨치고 究意果를 成就하는 三昧로서 獅子
吼三昧, 또는 首楞嚴三昧·般若波羅蜜三昧·佛性이라고도 함.

제가 아는 어떤 분이 『현행경』을 보고 거기에 경도傾倒가 되
어서 자기가 아는 신도님들과 같이 더불어서 염불수행念佛修行
을 한다고 그래요. 그런데 염불수행念佛修行을 할 때는 염불수행
念佛修行을 하고, 또 시간 있을 때는 화두話頭를 참구參究해서
참선參禪한다고 가부좌跏趺坐 틀고 앉아 있곤 하였습니다. 그러
니까 그분 생각으로는 화두話頭 참구參究하는 것은 참선參禪이고
염불念佛하는 것은 참선參禪이 아니라고 생각해서 그렇게 하겠
지요. 그러나 화두話頭 드는 것이나 안 드는 것이나 상관없이

참선參禪이나 염불念佛은 본래로 둘이 아닙니다. 가령 우리가 아미타불阿彌陀佛을 부르면 "아미타불阿彌陀佛은 하근중생下根衆生이 염불念佛하는 것이고 참선參禪이 아니다" 이렇게 생각하는 분이 있습니다. 그러나 결코 그런 것이 아닙니다.

다만 염불念佛은 자세가 중요합니다. 자세가 본래本來의 자리, 실상實相의 자리, 가상假相이 아닌 본래本來의 실상實相, 이른바 진여불성眞如佛性의 자리에다가 우리 마음을 두고 염불念佛을 한다면 그것은 바로 선禪입니다. 가령 화두話頭를 참구參究한다 하더라도 마음은 엉뚱한 데 가 있으면서 "이것이 무엇인가", "저것이 무엇인가", 이와 같이 상대적인 문제를 의심한다면 그때는 선禪이 아닌 것입니다. 왜 그러냐 하면 선禪의 정의定義를 내리자면 본체本體를 떠나지 않으면 그때는 선禪인 것이고 본체本體를 떠나면 그때는 모두가 다 선禪이 아니기 때문입니다.

그래서 염불念佛을 하든, 주문呪文을 외우든, 또는 화두話頭를 참구參究하든지 간에 방법적인 것은 별 문제가 아니고, 다만 중요한 것은 우리 마음이 자성自性, 즉 불심佛心에 가 있는가, 없는가 그것이 중요한 문제입니다. 불심佛心에 가 있다는 말은 무슨 뜻인가. 이것은 모든 것을 구분하지 않고서 "천지만유天地萬有가 상대相對나 절대絶對나 두루뭉술하게 모두가 다 이른바 생명 자체다, 불성佛性 자체다, 하나님 자체다", 이렇게 생각하면서 염불念佛하면 염불선念佛禪이고, 화두話頭를 참구參究하면 화두선話頭禪이고, 주문呪文을 외우면 주문선呪文禪인 것입니다. 이렇게 되면 간단명료합니다.

순수純粹 선禪의 도리道理는 그렇게 되어 있고, 또 사실은 부처님 때부터서 육조혜능六祖慧能 스님 때까지는 화두話頭란 말이 없고 그러한 말이 있을 필요도 없는 것입니다. 다만 앞서 말씀드린 바와 같이 분열分裂된 때, 즉 북송北宋 이후에, 특히 대혜종고大慧宗杲 스님이 화두선話頭禪을 강조하면서 유행하게 된 것입니다. 여러분이 강원에서 배우는 『서장書狀』은 대혜종고大慧宗杲 스님의 저술인데, 대혜종고大慧宗杲 스님은 임제종臨濟宗입니다. 사실 임제臨濟 스님은 화두話頭란 말도 하지 않았고, 또 화두話頭를 들지도 않았습니다. 단지 송나라 때에만 그런 것이지 달마達磨 스님 때부터서 당나라 때까지는 화두話頭란 말도 없었고, 또한 조사선祖師禪이란 말도 없었습니다. 송나라 때 분열된 때부터 "꼭 우리들 종파가 옳고 그대들 종파는 방편方便이다" 이렇게 자시비타自是非他하는 가운데서 그러한 말이 나왔던 것입니다.

그런 것이 한국에 들어와서 이조李朝 5백 년 동안에 중국과 교류가 되지 않았으므로 별로 좋지 않은 것이 한국에서 딱 굳어져 버렸습니다. 그래서 참선參禪 그러면 곧 화두話頭라고 독선적으로 생각하게 되었습니다. 그래서 앞서 말씀드린 바와 같이 순선純禪이라고 한 것은 제가 지은 이름이 아니고 달마達磨 스님 때부터 육조혜능六祖慧能 스님 때까지의 순수한 선禪을 말합니다.

그러한 가운데서도 특히 『능가사자기楞伽師資記』 이것은 달마達磨 스님 때부터 육조혜능六祖慧能 스님 때까지의 기록을 소상히 기록記錄한 것입니다. 그래서 달마達磨 스님 기록記錄이라든가, 또는 그에 앞선 구나발타라求那跋陀羅 기록記錄이라든가, 또는 『능가경楞伽經』 기록記錄이라든가, 그러한 것이 여기에 다 들어있습니다. 따라서 달마達磨 스님을 비롯하여 이조혜가二祖慧可 스님, 삼조승찬三祖僧璨 스님, 사조도신四祖道信 스님까지는 『능가경楞伽經』을 주로 공부를 많이 했습니다. 그리고 오조홍인五祖弘忍 스님 때부터 비로소 『금강경金剛經』이 들어왔습니다. 『능가사자기楞伽師資記』 이것은 정각淨覺 스님이란 그 당시의 분이 앞서 말씀드린 바와 같이 달마達磨 스님 때부터 육조혜능六祖慧能 스님 때까지의 행적을 소상히 기록記錄한 것인데, 1907년 이전에는 이 책이 안 나왔습니다. 1907년에 돈황석굴敦煌石窟 막고굴莫高窟에서 비로소 돈황문서敦煌文書가 발견되었는데 『능가사자기楞伽師資記』도 그 가운데서 나왔습니다.

그때가 1907년이기 때문에 1907년 이전에 태어난 분들이나 그 이전에 공부한 분들은 『능가사자기楞伽師資記』를 알 수 없었으므로 도신道信 스님 법문法門도 그때는 전혀 몰랐습니다. 『전등록傳燈錄』이나 그러한 책에 아주 간략한 기록만 있을 뿐이지 소상한 기록은 없었습니다. 그런데 1907년 이후에 돈황석굴敦煌石窟에서 『능가사자기楞伽師資記』가 나온 때부터서 비로소 사조도신四祖道信 스님의 행적行蹟을 알게 되었습니다. 달마達磨 스님 때부터 육조혜능六祖慧能 스님 때까지도 사조도신四祖道信 스님 기록이 굉장히 많고 내용도 아주 소상하고 충실합니다.

그리고 사조도신四祖道信 스님은 그 어록語錄을 보더라도 알 수 있지만 이분 때에 비로소 5백 대중大衆, 6백 대중大衆을 한 군데 모아놓고서 집단적으로 공부를 했습니다. 삼조三祖 스님 때까지는 이리 숨고 저리 숨으면서 소수小數의 분들이 인연因緣 따라서 함께 모여서 공부하다가 사조도신四祖道信 스님 때부터서 비로소 대중적大衆的인 것을 선호選好하게 되었습니다. 그래서 내용도 충실하고 이때야 비로소 체계體系가 이루어지게 되었습니다.

이 도신道信 스님께서는 두 권의 책을 냈습니다. 한 권은 『보살계법菩薩戒法』이란 책이고, 또 한 권은 『입도안심요방편법문入道安心要方便法門』이란 책입니다. 이렇게 두 권의 책을 냈는데, 그 도신道信 스님뿐만 아니라 달마達磨 스님 때부터 육조혜능六祖慧能 스님 때까지 모두가 다 보살계菩薩戒를 그때그때 꼭 설설說했습니다.

기록이 없는 때도 있지만 특히 사조四祖 스님 때부터는 기록이 아주 분명히 남아 있습니다. 오조五祖 스님 때도 마찬가지이고, 육조六祖 스님도 『육조단경六祖壇經』에서 역시 보살계菩薩戒를 설설說하는 대목이 나옵니다. 보살계菩薩戒는 바로 무상계無相戒입니다. 보살계菩薩戒를 왜 무상계無相戒라고 하는가 하면 상相을 여읜 계戒이기 때문입니다. 보살계菩薩戒는 바로 불성계佛性戒, 무상계無相戒다 그러는 것입니다. 부처님, 또는 불성佛性, 즉 인간과 우주 만유의 본성本性에서부터서 나와 있는 우리 인간 존재의 도덕률이기 때문에 보살계菩薩戒라고도 하는 것인데 보살계菩薩戒는 바로 상相을 여의었기 때문에 무상계無相戒, 불성계佛性戒 그렇게 말합니다. 따라서 조사祖師 스님들이 얼마 만큼 계율戒律을 중시했던가를 알 수 있습니다.

『능가사자기楞伽師資記』 도신장道信章 제오第五의 '당조唐朝', 이것은 당나라 때를 말합니다. "기주蘄州 쌍봉산雙峰山", 기주蘄州는 쌍봉산雙峰山이 있는 그 지방地方의 이름입니다. '도신 선사道信禪師 승찬 선사후承璨禪師後', <요략要略 10>을 보면 찬璨에 ②자가 붙어있지요. 뒤에 나오는 찬선사璨禪師는 승찬承璨 스님인데 뒤에 가서 주석을 달아두었습니다. 승찬承璨 스님에게 법을 받은 뒤에 도신 선사道信禪師가 "재창선문우내유포再敞禪門宇內流布라", 이 참선법문參禪法門을 재차 밝혀서 우주 내에, 이 세상에 유포流布를 시켰습니다.

그리고 그 도신道信 스님한테는 "유보살계법일본有菩薩戒法一本이라", 보살계법菩薩戒法 일본一本이 있고, "급제입도안심요방편법문及制入道安心要方便法門이라", 다시 『입도안심요방편법문入道安心要方便法門』이란 책을 냈습니다. 이 책은 굉장히 소중한 책입니다. 참선參禪을 어떻게 할 것인가에 대한, 참선參禪을 이끄는 요령이 거기에 들어있기 때문입니다. 그리고 그러한 것도 그냥 당신 마음이 내키는 대로 말씀하신 것이 아니라 꼭 부처님 경전을 의지해서 말씀했습니다. 따라서 "조사祖師 스님들이 얼마만큼 부처님께서 말씀하신 것을 중요시 했던가", "교敎와 선禪이 하나라는 것을 얼마만큼 역설했던가" 이러한 것을 우리가 소상하게 알 수가 있습니다.

이와 같이 도신道信 스님께서 『보살계법菩薩戒法』 일본一本과 또 『입도안심요방편법문入道安心要方便法門』이라는 책을 지어서

"위유연근숙자설爲有緣根熟者說이라", 인연이 있거나 근기根機가 수승殊勝한 사람들을 위해서 말씀을 했습니다. 근기根機가 낮으면 알아들을 수가 없겠지요.

그래서 "아차법요我此法要라", 내가 말한 그 법法의 요체要諦가 무엇인가 하면 "의능가경제불심제일依楞伽經諸佛心第一이라", 내가 법法을 깨달아가지고서 내 생각대로 말한 것이 아니라 『능가경楞伽經』에서 제불심제일諸佛心第一이라고 했습니다. 모든 존재가 불심佛心이 제일第一이다, 어느 것도 불심佛心이 아님이 없다, 일체 모두가 다 불성佛性이다, 불심佛心이다, 이런 뜻입니다. 이러한 것이 가장 중요하다는 것을 『능가경楞伽經』에서 말씀했는데, 사조四祖 스님께서 말씀하시기를 "내가 지금 말하는 법法의 요체要諦는 『능가경楞伽經』에 있는 제불심제일諸佛心第一하고, 또 『문수설반야경文殊說般若經에 있는 일행삼매一行三昧, 이것이 내가 지금 법문法門하는 가장 요긴要緊한 뜻이다." 이렇게 말씀하셨습니다.

문수 보살文殊菩薩이 부처님께 법문法門을 요청해서 부처님께서 세우신 법문法門이 『문수설반야경文殊說般若經』입니다. 문수 보살의 그러한 문의에 따라서 부처님께서 말씀하신 법문法門인데 그 가운데에 일행삼매一行三昧가 있습니다.

그래서 『문수설반야경文殊說般若經』에 의지하면 "즉염불심시불卽念佛心是佛이라", 『문수설반야경文殊說般若經』에 있는 그 법문法門이 또 염불심시불念佛心是佛인데, 이것은 부처를 생각하는 마음이 바로 부처라는 말입니다. 염불念佛은 하근중생下根衆生이

하는 것이 절대로 아닙니다. 근래에 와서 어느 스님들이 "염불念佛은 하근중생下根衆生이 하고 화두話頭는 상당히 근기 있는 분이 한다", 이렇게 말하는데 이러한 말들은 부처님을 비방하는 말입니다.

왜 그런가, 한번 생각해 보십시오. 염불念佛이란 부처를 생각하는 것입니다. 그렇다면 부처는 무엇인가. 우리 신앙信仰의 대상인 우주宇宙와 인생의 근본적인 생명 자체, 또는 내 마음의 본질本質인 것입니다. 부처를 생각하는 것처럼 고귀한 것이 없으며 그것이 바로 염불念佛입니다. 그러한 것이 어떻게 해서 방편법문方便法門이 될 수가 있겠습니까? 부처님 경전經典에는 그렇게 말씀하신 대목이 한 군데도 없습니다.

제가 앞에서도 말씀드렸듯이 역시 소승불법小乘佛法에서는 석가모니釋迦牟尼만 부처다 하고, 석가모니釋迦牟尼가 출현出現하시고 안 하시고와 상관없이 대승적大乘的인 의미의 언제나 계시는 우주宇宙의 생명生命이 부처다 하는 대목은 전혀 없습니다. 근본불교根本佛教에서는 불심佛心이라든가, 불성佛性이라든가, 또는 법성法性이라든가 그러한 말도 없습니다.

따라서 "염불심시불念佛心是佛이라", 내가 본래 부처거니 생각하는 그 마음, 즉 염불심念佛心이 바로 부처인 것입니다. 그 반대로 "망념시범부妄念是凡夫라", 망념妄念은 무엇이 망념妄念인가? 모두가 부처인데 어느 것을 보든지 미운 사람을 보나, 고운 사람을 보나 다 부처라고 생각하는 마음이 되어야 바른 것인데 부처가 아니라고 생각하는 마음은 모두가 망념妄念입니다. 그래

서 이 망념妄念, 즉 부처가 아니라고 생각하는 그 마음이 바로
범부凡夫입니다. 우리 중생은 속을 볼 때는 다 부처뿐이고 법성
法性뿐인데 겉만 보니까 미운 사람을 보고, 나쁜 사람을 보고,
범부凡夫를 보고는 범부중생凡夫衆生 그러는 것입니다. 따라서
그것은 망념妄念이며, 망념妄念으로 보면 결국은 범부凡夫인 것
입니다.

『문수설반야경文殊說般若經』에서 문수사리文殊師利가 말하기를
"세존운하명일행삼매世尊云何名一行三昧니까", 세존이시여, 어찌하
여 일행삼매一行三昧라고 합니까. 이렇게 부처님께 물으셨습니
다. 그러니까 부처님께서 말씀하시기를 "법계일상法界一相이라."
하셨습니다. 법계法界라는 것은 진여불성眞如佛性으로 이루어진
온 세계라는 뜻입니다. 법계法界 이것은 다른 것이 아니라 오직
일상一相, 즉 오직 하나의 실상實相인 것입니다. 따라서 법계일상
法界一相이란 우주란 것이 하나의 실상實相이라는 뜻입니다.

법계法界가 일상一相이거니, 즉 법계法界가 오직 하나의 진여
불성眞如佛性의 실상實相이거니, 거기에다가 "계연법계繫緣法界라",
그 법계法界에다가 우리 인연因緣을 딱 매는 것입니다. 다시 말
하면 우리 마음을 거기에다 둔다는 뜻입니다. 그 하나도 다른
것이 없는 일진법계一眞法界의 법계法界에다 우리 마음을 딱 두
고서 공부하는 것이 일행삼매一行三昧입니다.

참말로 있는 것은 진여법성眞如法性이라는 우주의 실상實相뿐
이거니, 거기다가 우리 마음을 두고서 조금도 흐트러지지 않게
하는 것이 이른바 일행삼매一行三昧인 것입니다.

"천지우주天地宇宙가 모두 다 진여실상眞如實相뿐이다" 이렇게 생각하는 것은 또 나중에 나옵니다만은 일상삼매一相三昧라고 하는 것이고, 그 자리에다가 우리의 마음을 두고서 앞생각 뒷생각에 다른 생각이 없이 오직 하나의 진여불성眞如佛性이라는 생각만 가지고 계속해서 수행修行해 나가는 것이 일행삼매一行三昧입니다. 일행삼매一行三昧라는 말은 앞에서도 말씀드렸지만 육조六祖 스님의 『육조단경六祖壇經』에서도 여섯 군데나 설해져 있습니다.

"선남자善男子 선여인善女人이라", 수행하는 우리 불자들이 "욕입일행삼매欲入一行三昧라", 만약 일행삼매一行三昧에 들어가고자 할진대는 "당선문반야바라밀當先聞般若波羅蜜이라", 마땅히 먼저 반야바라밀般若波羅蜜을 듣고서라는 말입니다. 이것을 보더라도 얼마만큼 부처님께서 먼저 이론적理論的으로 체계體系를 세우라고 역설했던가를 알 수가 있습니다. 더 쉬운 말로 하면 "선오후수先悟後修라", 먼저 이치로 깨닫고서 나중에 닦으라는 말입니다.

우리가 길을 갈 때에 순로順路를 모르고, 목표를 모르고 갈 수가 있겠습니까. 마땅히 목표를 알고 또 어떻게 가야할 것인가를 알아야 합니다. 그와 같이 부처님의 법법法은 우주宇宙의 법법法 그대로입니다. 닦을 때는 "부처가 대체로 무엇인가" 또는 "부처가 되기 위해서는 어떤 방법과 수단이 있는 것인가" 이것을 알아야 합니다. 어느 철학이나 과학이든지 간에 무슨 목적이 있다면 반드시 방법론方法論이 뒤따라야 됩니다. 따라서 방법론이 없다면 목적을 달성할 수가 없습니다.

그래서 이것은 마땅히 먼저 반야바라밀般若波羅蜜을 듣고서 "여설수학如說修學이라", 반야바라밀般若波羅蜜에서 말씀한 것과 같이 그대로 닦아서 그 연후然後에 "능입일행삼매能入一行三昧라", 능히 일행삼매一行三昧에 들 수 있느니라, 그러한 뜻입니다.

"여법계연如法界緣이라", 법계法界라는 것은 일미평등一味平等하기 때문에 법계法界가 모두 다른 것이 없이 일미평등一味平等한 진여불성眞如佛性이 된 것과 마찬가지로 그렇게 공부한다면 "불퇴불괴不退不壞라", 후퇴도 없고 파괴할 것도 없으므로 불가사의不可思議입니다. 진여불성眞如佛性 자체가 부사의不思議한 만공덕萬功德을 갖추고 있는 자리이기 때문에 부사의不思議라 말합니다. 그래서 "무애무상無礙無相이라", 거리낌도 없고, 또한 상相도 없습니다. 오직 하나의 불성佛性뿐인데 어디에 상相이 날 수가 있겠습니까.

"선남자善男子 선여인善女人들이 욕입일행삼매欲入一行三昧인데는", 재차 구체적으로 또 말씀을 했습니다. 그대들 불자들이 마땅히 일행삼매一行三昧에 들어가려고 할진대는 "응처공한應處空閑이라", 마땅히 조용하고 잡스러운 것이 없는 데를 취해서 할지니라. 시끄러운 데나, 또는 언제나 처소處所를 가리지 않고서 행주좌와行住坐臥에 다 공부할 수 있는 것이 불법佛法입니다. 우리가 회사에 있으나, 또는 교육자로 교단에 서나, 어느때 어느 처소에서나 다 부처님 공부를 할 수가 있습니다. 그러나 아무래도 시끄럽고 잡념이 많으면 또 장애가 되겠지요. 그러기에 초보인들은 선방禪房에서 공부하는 것입니다. 따라서 한적한 곳에 처

해서 하라는 그러한 의미입니다.

"사제란의捨除亂意라", 산란스러운 마음을 다 버리고 제거해야 합니다. 그리고 "불취상모不取相貌라", 상相을 두지 말아야 합니다. 『금강경金剛經』에서 말씀하신 아상我相·인상人相·중생상衆生相·수자상壽者相 등이 모두가 상相 아닙니까. 상대유한적相對有限的인, 즉 우리가 보는 것은 모두가 상相입니다. 그래서 그러한 상相을 두지 말고서 "계심일불繫心一佛이라", 마음으로 생각하는 부처에 대해서 우리 마음을 거기에 딱 맨다는 말입니다. 다시 말해서 우리 마음을 거기에 머물게 하는 것입니다.

그래서 "전칭명자專稱名字라", 오로지 부처님 이름을 외워야 합니다. 나무아미타불南無阿彌陀佛·관세음보살觀世音菩薩·지장보살地藏菩薩 그러면 잘 모르는 사람들은 "그러한 것은 방편법문方便法門이 아닌가", 이렇게 생각합니다. 그러나 부처님 이름을 외우는 것은 절대로 방편법문方便法門이 아닙니다. 다만 우리가 부처님을 마음 밖에다 두고 "저 극락세계極樂世界에 부처님이 계시고 나는 여기에 있다", 이렇게 생각하면 방편方便이 되겠지요. 그러나 그렇지 않고서 "일체 존재가 모두가 다 부처님이다", 이렇게 생각할 때는 가장 절실한 공부인 것입니다. 그것이 바로 성불成佛의 지름길이라고 여기저기에 다 그렇게 말씀했습니다.

『화엄경華嚴經』은 일대시교一大時敎의 모두를 다 통틀어서 거기에 집합시켜 놓은 경전입니다. 『화엄경華嚴經』도 마지막에 가서는 "나무아미타불南無阿彌陀佛을 염념하면서 입법계立法界라", 법계法界에 들어가서 극락세계極樂世界에 성불成佛한다는 그러한 내용도 있습니다.

　용수 보살龍樹菩薩은 제2의 석가釋迦가 아닙니까. 용수 보살龍樹菩薩은 부처님 다음에서는 그만큼 위대한 분이 없다고 해서 제2의 석가釋迦라고 하는 것입니다. 그분도 『십주비바사론十住毘婆沙論』「이행품易行品」에서 염불念佛을 역설力說했습니다. 왜 그러냐 하면 우리의 마음이 그리워하고 흠모하고 동경할 때 그 마음같이 우리 마음을 순화시키는 공부는 없기 때문입니다.

　사람을 그리워해 보십시오. 얼마나 우리 마음이 정화淨化가 됩니까? 그 사람을 위해서는 자기 몸뚱이를 몽땅 바쳐도 아깝지가 않습니다. 그리고 고향을 그리워하는 향수鄕愁라든가, 그러한 것도 얼마나 순수純粹합니까. 그런데 하물며 우리 생명의 고향, 마음의 고향인 그 자리, 부처님을 그리워하는 그 마음은 생각하면 할수록 가장 절실한 것입니다. 따라서 부처님을 그리워하는 그 마음을 위해서 염불念佛이 나온 것입니다. 내가 떠나온 고향故鄕이고 다시 돌아가야 할 고향이고, 내 생명의 바로 그 자리이고, 너나 나나 어느 누구를 막론하고 모든 생명의 근본자리가 아닙니까. 그 자리보다 더 소중한 자리는 없습니다. 사실 우주는 모두가 그 자리뿐이므로 그 자리의 이름, 그 자리의 대명사를 외우는 것처럼 우리 마음을 정화淨化시키는 법法은 없습니다.

　그러기에 "염념칭명상참念念稱名相懺이라", 생각생각에 부처님의 이름을 외우는 그것이 바로 참다운 참회가 됩니다. 그러면 "중생염불불환억衆生念佛佛還憶이라", 이것은 중생이 부처를 생각하면 부처는 도리어 중생을 생각한다는 말입니다. 부처는 나와 둘이 아니므로 금생今生에 나와서 염불법문念佛法門을 모르고 죽으면 정말로 불쌍한 일입니다. 자기 고향이 바로 부처고 다시 돌아가야 할 고향도 부처고, 내 생명의 이름도 부처고 우주의 이름도 본래 부처인 것입니다.

사조도신四祖道信 스님은 선종禪宗의 네 번째 조사祖師입니다. 그러나 네 번째이기는 하지만 육조六祖 스님 때까지 가장 두드러지게 중생제도를 하신 분입니다. 이분이 하신 말씀인데 이분도 "내가 한 말이 아니라 『문수설반야경文殊說般若經』, 또는 『입능가경入楞伽經』에 설해진 법문이다"라고 하였습니다. 『입능가경入楞伽經』에 여래선如來禪이 나옵니다. 앞에서 제가 오종선五種禪의 갈래를 말했으나 『능가경楞伽經』에서는 사종四種의 갈래를 말하고 있습니다. 거기에 있는 이른바 여래선如來禪과 최상승선最上乘禪은 똑같습니다. 따라서 부처를 생각하는 것 만큼 자연스럽고 위대한 것이 없습니다.

"계심일불繫心一佛이라", 오직 부처님에게 마음을 낸다는 말입니다. 무슨 부처, 무슨 부처 그렇게 이름은 다르지만 이것은 모두가 하나의 부처님입니다. 부처님 이름이 하도 많고 보살님 이름이 하도 많으니까 우리가 혼돈混沌을 일으키게 되는데 그것은 별 문제가 아닙니다. 왜 그러냐 하면 부처님의 공덕功德이 무량무변無量無邊하므로 하나의 개념으로 해서는 표현을 못하기 때문입니다.

달에 가 있는 부처님 기운은 월광보살月光菩薩이고, 해에 가 있는 부처님 기운은 일광보살日光菩薩이고, 또는 땅에 가 있는,

즉 이 지구에 있는 부처님 기운은 지장보살地藏菩薩이고, 물에 가 있는 부처님 기운은 용왕보살龍王菩薩이고, 산에 가 있는 부처님 기운은 산왕보살山王菩薩입니다. 따라서 무슨 보살, 무슨 보살 그렇게 부처님 이름도 많고 보살님 이름도 많지만 모두가 다 하나의 부처님입니다. 다만 그 공덕에 따라서 부처님을 자비로운 쪽으로 관세음보살觀世音菩薩, 지혜로운 쪽으로 문수보살文殊菩薩, 원력 따라서 보현보살普賢菩薩 그러는 것이지 따로 있는 것이 아닙니다.

이렇게 해서 어느 한 부처님에 대해서 관세음보살觀世音菩薩을 부르고 싶으면 관세음보살觀世音菩薩을 불러도 좋은데 다만 "관세음보살觀世音菩薩 가운데는 모든 부처님이 다 포괄包括돼 있다", 이렇게 생각을 하셔야 됩니다. 그리고 기왕이면 부처님의 본사아미타불本師阿彌陀佛, 총대명사總代名詞 아미타불阿彌陀佛을 부르면 더욱 좋지 않겠습니까?

기독교 인구가 지금 많은 수가 된 것이 무엇인가 하면 그 교리가 단순소박하기 때문입니다. 불교는 너무나 복잡해서 오랫동안 공부를 해도 무엇이 무엇인지 갈피를 잡을 수가 없습니다. 따라서 계속해서 그렇게 하다보면 "오! 주여" 하고 부르는 쪽으로 마음이 끌려가게 됩니다.

부처님의 별공덕別功德·자비공덕慈悲功德·제공덕諸功德·원력공덕願力功德으로 해서 관음보살觀音菩薩·대지보살大智菩薩, 무슨 보살 다 있지만 부처님의 총대명사가 나무아미타불南無阿彌陀佛 아닙니까. 그렇게 해서 우리 마음을 아주 간소하게 하는 것은 참

좋습니다. 그래서 이렇게 해서 부처님에게 마음을 딱 매어서 "전 칭명자專稱名字라", 오로지 그 부처님의 이름만 외우는 것입니다.

그래서 "수불방소隨佛方所라", 동東을 향하나 서西를 향하나 우리가 서방극락세계西方極樂世界라고 서쪽을 향해서 말하는데 이 것은 동쪽에서 해가 뜨고 서쪽으로 해가 지므로 우리가 돌아갈 극락세계極樂世界를 서쪽이라고 상징적으로 말하는 것이지 부처님이 꼭 서쪽에만 계신다는 뜻은 절대로 아닙니다. 우리는 이 상징적인 뜻을 생각해야 됩니다.

그래서 "단신정좌端身正坐라", 기왕이면 가부좌跏趺坐 하듯이 그와 같이 단정히 바르게 앉는 것이 좋습니다. 왜 그러냐 하면 바르게 앉는 것이 우리의 몸도 마음도 더 빨리 맑아지고 통일이 더 빨리 되기 때문입니다.

그래서 "능어일불能於一佛에", 능히 한 부처님한테 대해서 "염념상속念念相續이라", 생각 생각에 다른 생각이 끼지 않도록 상속 한다면 "즉시염중卽時念中에", 즉시卽時 곧 우리 생각 중에 "능견 과거 미래 현재 제불能見 過去 未來 現在 諸佛이라", 능히 과거 미래 현재의 제불諸佛을 볼 수가 있습니다.

우리가 부처님을 어떻게 볼 것인가. 사람 모양 같은 부처님을 볼 수가 있겠습니까? 부처님은 사람 모양 같은 것이 아닙니다. 부처님은 우주에 존재하는 생명生命의 실상實相이고, 생명生命의 광명光明입니다. 그러나 부처님의 공덕功德은 무량무변無量無邊 한지라 우리가 진실하게 부처님의 모양을 꼭 보고싶어 하면 그 때는 우리의 원願 따라서 부처님이 광명의 사람 몸으로 나타날 수가 있습니다. 만약 "저 지구 덩어리만큼 넓은 부처님을 보고 싶다", 이렇게 간절히 마음을 모은다면 그 원願 따라 부처님이 그렇게 보이는 것입니다.

또는 "이 허공중에 관세음보살觀世音菩薩이 수만 수억으로 나타나서 내가 봤으면 되겠다", 이렇게 간절히 원願을 세우면 또 그와 같이 관세음보살觀世音菩薩이 수만 수억으로 보이는 것입니다. 부처님의 공덕功德은 그와 같이 신비부사의神秘不思議한 것이므로 모두를 다 할 수 있고 모두를 다 알 수가 있는 것입니다. 그러한 것이 부처님의 힘이고, 또한 우리 마음의 힘입니다.

"하이고何以故" 왜 그러냐 하면 "염일불공덕 무량무변 역여무량 제불공덕 무이부사의念一佛功德 無量無邊 亦與無量 諸佛功德 無二不思議라", 한 부처님의 공덕功德이 무량무변無量無邊하니 무량제불無量諸佛의 공덕功德과 한 부처님의 공덕功德이 원래가 둘이 아닌 것입니다. 둘이 아니기 때문에 한 부처님을 본다면 일체존재一切存在, 즉 과거불過去佛·현재불現在佛·미래불未來佛 모두가 다 부처님으로 태어나신 분인 것이며, 또한 현상계現象界는 부처가 아니라도 성품性品으로 본다면 모두가 다 부처인 것입니다.

우리 스님들은 장엄염불莊嚴念佛을 다 아시지요. "일십일만 구천오백 동명동호 아미타불一十一萬 九千五百 同名同號 阿彌陀佛이라", 부처라는 것이 어디 가서 부분적으로 있는 것이 아니라 일십일만 구천오백一十一萬 九千五百이라 하였습니다. 이 수치도 역시 상징적입니다. 그 수가 하도 많으므로 일십일만 구천오백 동명동호 아미타불一十一萬 九千五百 同名同號 阿彌陀佛이라 하는 것입니다. "동명同名이라", 같은 이름이고, "동호同好라", 같은 호號입니다. 김씨金氏도 아미타불阿彌陀佛, 박씨朴氏도 아미타불阿彌陀佛, 나무도 아미타불阿彌陀佛, 또는 물도 아미타불阿彌陀佛, 모두 다 아미타불阿彌陀佛입니다.

이러한 법문法門은 나옹 대사懶翁大師나 태고보우 선사太古普愚禪師나 그러한 분들이 주로 했습니다. 나옹懶翁 스님은 중국中國에 들어가서 임제선臨濟禪의 조사스님들에게 선풍禪風을 받아온 순수한 선객禪客입니다. 이러한 분들이 다 그렇게 말씀을 했음에도 불구하고 우리 후대인들은 "염불念佛은 방편方便인 것이고 화두話頭를 참구參究하면 그것이 바로 참선參禪이다", 이렇게들 말을 합니다.

우리가 지금 미국 사람들 것을 무비판적無批判的으로 수용하듯이 옛날에는 중국 문물에 그랬습니다. 중국을 대국大國으로 섬기고 한국은 속국屬國이라고 스스로 자인自認했는데 그러한 가운데서 중국에 한번 들어갔다 나와서 뭐라고 하면 그것이 다 옳다고 생각했습니다.

그러나 지금은 그렇게 무비판적無批判的으로 믿을 때가 아닙니다. "부처님의 정통正統이 무엇인가" 또는 "우리 조상들이 어떻게 잘못 전해서 지금까지 왜곡되게 지녀왔던가", 이러한 것에 대해서 한 번쯤 비판해 볼 때입니다.

"즉시여래진실법성지신卽是如來眞實法性之身이라", 즉 이러한 것이 다 부처님의 진실眞實한 법성法性의 몸이며, "역명정법亦名正法이라", 이렇게 진여불성眞如佛性 자리를 여의지 않는 것이 바로 정법正法이라고 이름하며 "역명불성亦名佛性이라", 이것이 바로 불성佛性이라고 이름하며 "역명제법실상亦名諸法實相이라", 이것이 모두가 다 실상實相 아님이 없다는 그러한 도리이고 이것이 바로 실제實際이며 참말인 것입니다. "역명정토亦名淨土라", 이 자리가 바로 극락세계極樂世界 즉 정토淨土이며, 이것이 바로 보리菩提 즉 참다운 지혜智慧이며, 이 자리가 바로 금강삼매金剛三昧이며, 이것이 바로 본 깨달음(本覺), 근본 깨달음인 것입니다. "역명열반계亦名涅槃界라", 이것이 열반계涅槃界이며 또는 반야般若이며 "명수무량名雖無量이라", 이름은 비록 헤아릴 수 없이 많다 하더라도 "개동일체皆同一體라", 모두가 하나의 몸인 것입니다. 이렇게 알아두시기 바랍니다.

　이것이 『문수설반야경文殊說般若經』에 있는 법문法門으로 사조 도신四祖道信 스님이 『문수설반야경文殊說般若經』을 이와 같이 인용해서 말씀하셨습니다.

XI

단경壇經 참회품懺悔品

XI 단경壇經 참회품懺悔品

<요략要略 11>

귀의 일체삼신자성불
歸依 一體三身自性佛

선지식 총수자체이수무상계 일시 축혜능구도 영선지식 견자
善知識 惣須自體以受無相戒 一時 逐慧能口道 令善知識 見自

삼신불 어자색신 귀의청정법신불 어자색신 귀의천백억화신
三身佛 於自色身 歸依淸淨法身佛 於自色身 歸依千百億化身

불 어자색신 귀의당래원만보신불(이상삼창)
佛 於自色身 歸依當來圓滿報身佛(已上三唱)

··· 단오자성삼신불 즉식자성불
但悟自性三身佛 卽識自性佛

불리자성불
不離自性佛

오소설법 불리자성 리체설법 명위상설 자성상미 수지일체만
吾所說法 不離自性 離體說法 名爲相說 自性相迷 須知一切萬

법 개종자성기용 시진계정혜법 청오게왈 심지무비자성계 심
法 皆從自性起用 是眞戒定慧法 聽吾偈曰 心地無非自性戒 心

지무치자성혜 심지무란자성정 부증불감 신금강 신거신래본
地無痴自性慧 心地無亂自性定 不增不減 身金剛 身去身來本

144

삼매
三昧

　이것은 육조혜능六祖慧能 스님의 법문法門입니다. 앞에서 사조
도신四祖道信 스님의 법문法門이기 때문에 사조四祖 스님 것을
먼저 했습니다.

　육조혜능六祖慧能 스님의 법문法門은 아시는 바와 같이 『단경
壇經』인데 『단경壇經』은 여러 가지가 있습니다. 돈황敦煌에서 발
견된 돈황본敦煌本이 있고, 종보宗寶 스님께서 10세기에 한 종
보본宗寶本도 있고, 덕이德異 스님이 한 덕이본德異本도 있고, 대
승사본大乘寺本도 있습니다. 이와 같이 대체로 네 가지 종류의 『단
경壇經』이 있습니다. 그중에서 돈황본敦煌本이 가장 오래된 것인
데 이것은 인쇄본印刷本이 아니라 후대인들이 붓으로 친히 베낀
필사본筆寫本이므로 오자誤字가 아주 많고 게송偈頌도 질서가 없
어서 후학後學들이 볼 때는 이해하기가 어렵게 되어 있습니다.

　그리고 앞서 말씀드린 종보본宗寶本이나 또는 덕이본德異本
등의 『단경壇經』을 보면 북종北宗과 남종南宗, 양종兩宗이 서로
시비하고 다툼질했다는 기록이 많이 수록되어 있습니다. 그러나
그러한 대목은 육조六祖 스님께서 했을 리는 만무할 것입니다.
도인道人들이란 시비를 가리지 않습니다. 도인道人들은 진리만을
밝히는 것이지 누가 옳다 그르다 하는 말을 도인들은 할 필요를
느끼지 않습니다. 그래서 시비是非하는 것은 후대인後代人들이
자기들 종파宗派, 자기들 동아리가 옳다 하는 자시비타自是非他

하는 데서 나온 것이지 원래 『단경壇經』의 글은 아니라고 생각됩니다.

따라서 그러한 가운데서도 무슨 본본本이나 또는 갖가지 다른 본本따라 더하고 깎고 그러한 부분은 다 빼버리고 가장 중요한 핵심은 무엇인가 하면 서두에서 말씀드렸듯이 그것은 『단경壇經』에 있는 삼신일불三身一佛에 귀의歸依하고, 삼보三寶에 귀의歸依하고, 사홍서원四弘誓願에 귀의歸依하고, 또는 반야바라밀般若波羅蜜을 말씀하신 내용입니다. 그 대목은 어느 『단경壇經』이나 똑같습니다. 따라서 핵심이라고 안 볼 수가 없고, 또한 그 법문法門은 사실은 사조四祖 스님이나 오조五祖 스님이 하신 법문法門과도 다 상통相通이 됩니다. 그러기에 그와 같이 상통相通되는 것만 추려서 제가 여기에 옮겼습니다.

앞에서도 삼신일불三身一佛을 말씀드렸습니다마는 이것은 육조六祖 스님께서 스스로 『단경壇經』에다 하신 삼신일불三身一佛에 대한 말씀입니다. 이것도 앞에나 뒤에나 많이 붙은 것인데 아주 핵심만 골라서 간략히 여기에 인용한 것입니다.

<요략要略 11>의 귀의일체삼신자성불歸依一體三身自性佛에서부터 말씀드리겠습니다.

"선지식善知識들아! 총수자체이수무상계惣須自體以受無相戒라", 선지식들아! 모두 다 모름지기 자체에 있는 이 무상계無相戒를 지금 받았으니 이러한 뜻입니다. 무상계無相戒는 앞에서도 말씀드린 바와 같이 보살계菩薩戒입니다. 보살계菩薩戒는 상相을 떠난 불

146

성佛性의 도리道理를 그대로 말한 계戒이기 때문에 보살계菩薩戒를 무상계無相戒라고도 합니다.

그래서 『단경壇經』 이것은 육조六祖 스님께서 소주땅 대범사大梵寺 법단法壇에 올라가서 무상계無相戒, 즉 보살계菩薩戒를 설說했는데 그때에 많은 대중들에게 설한 법문法門이 기초가 되어서 『육조단경六祖壇經』이 되었습니다.

"축혜능구도逐慧能口道라", 이 혜능慧能의 말을 따라서, 혜능慧能의 입을 따라서 그대들도 같이 말하라는 뜻입니다. 도인들은 대중들에게 절대로 함부로 말하지 않습니다. 꼭 "선지식善知識들아!" 그렇게 말을 합니다. 모두가 다 부처로 보이므로 청중聽衆에 대해서 함부로 호령號令이나 하고 그렇게 할 수는 없겠지요.

"선지식善知識들아! 그대들은 모두 무상계無相戒를 받았으니 이제는 모두 다 한꺼번에 이 혜능慧能의 입을 따라 말하라"고 말씀하셨습니다.

그래서 "영선지식令善知識이라", 그 선지식들로 하여금 즉 여러분들로 하여금 "견자삼신불어자색신見自三身佛於自色身이라", 자기 몸에 있는 그 삼신불三身佛이 밖에 있는 것이 아니라 자기 몸이나, 자기 마음이나, 또는 어디에나 있는 것입니다. 여기서 몸에 있다는 것은 자기 마음에 있다는 것과 같습니다. 몸과 마음은 둘이 아니기 때문에 자기 마음과 몸에 있는 삼신불三身佛에 귀의케 할지니, "귀의청정법신불歸依淸淨法身佛이라", 청정법신불淸淨法身佛에 귀의歸依하고, 또는 "어자색신귀의천백억화신불於自色身 歸依千白億化身佛이라", 색신色身 가운데 있는 천백억화신불千百億化身佛에 귀의歸依하라는 말씀입니다.

여기서는 화신化身을 보신報身보다도 앞에 내세웠습니다. 앞에 내세우나 뒤에 내세우나 원래 삼신일불三身一佛이기 때문에 똑같으나 삼신불三身佛 사상이 보다 더 발전됨에 따라서 법신法身, 보신報身, 화신化身 쪽으로 정리가 되었기 때문에 앞에서 제가 보신報身을 앞에 두었습니다.

그리고 여러분들이 더러 가지고 계실는지 모르겠지만 「보리방편문菩提方便門」은 육조혜능六祖慧能 스님께서 하신 법문法門을 보다 더 문장을 다듬어서 한 것에 지나지 않습니다.

"어자색신귀의당래원만보신불於自色身歸依當來圓滿報身佛이라", 우리 몸 가운데, 마음 가운데 있는 당래원만보신불當來圓滿報身佛에 귀의歸依하고, 이렇게 해서 "이상삼창已上三唱이라", 삼신불三身佛에 귀의歸依한다는 것을 세 번이나 되풀이해서 나를 따라서 하라고 말씀하셨습니다. 육조六祖 스님께서 오직 삼신불三身佛에 대해서 그분이 깊이 느끼고 또는 일반 중생들에게 꼭 가르쳐 줘야 되겠다는 간절한 마음에서 세 번씩이나 이 혜능慧能을 따라서 말하라고 했던 것입니다. 그러한 것을 여러분들이 깊이 새기시기 바랍니다.

그렇게 해서 "단오자성삼신불但悟自性三身佛이라", 다만 우리 자성自性, 우리 불성佛性, 우리 본래면목本來面目에서 삼신불三身佛을 깨달으면 "즉식자성불卽識自性佛이라", 곧 부처님을 닮게 되는 것이다, 바로 성불成佛하는 것이다, 이러한 뜻입니다.

그러므로 『육조단경六祖壇經』의 핵심은 삼신불三身拂에 귀의歸

依하고, 삼보三寶에 귀의歸依하고, 사홍서원四弘誓願에 귀의歸依하고, 또는 반야바라밀般若波羅蜜을 말씀하신 것입니다. 그것을 다르게 북종北宗이 옳으니, 남종南宗이 옳으니, 또는 돈오頓悟가 옳으니, 점수漸修가 옳으니 하는 것은 후인들이 더한 것입니다.

다음은 불리자성불不離自性佛입니다.
"오소설법吾所說法은", 내가 말하는 법 이것은 "불리자성不離自性이라", 여기서 자성自性은 앞서도 말씀드린 바와 같이 바로 진여불성眞如佛性을 말합니다. 그러므로 진여불성眞如佛性을 떠나지 않는 것입니다. 따라서 내가 말하는 법法은 모두가 다 불성佛性을 떠나지 않는다는 말입니다. 불성佛性을 떠나면 그때는 하나의 상相에 지나지 않습니다. "이체설법離體說法은", 부처라 하는 그 자성을 떠나서 설법說法하는 것은 "명위상설名爲相說이라", 이것은 상相에 떨어지는 말입니다.
"자성상미自性相迷하면", 자성自性이 스스로 미혹되어서 상相에 떨어지면 결국은 자성自性이 스스로 미혹迷惑되게 됩니다. "수지일체만법개종자성기용須知一切萬法皆從自性起用이라", 모름지기 일체만법一切萬法이 모두가 다 자성自性, 불성佛性에서 일어나는 것입니다.
『금강경金剛經』에 "응무소주이생기심應無所住而生其心"이란 말씀이 있습니다. 여러분들은 대체로 『금강경金剛經』을 많이 보셨으니까 다 아시겠지요. 응무소주이생기심應無所住而生其心도 무소주無所住의 자리, 머무름이 없는 자리, 집착執着이 없는 자리에서 마음을 내라는 말입니다. 다시 말해서 생각을 내라는 말입니다.

"개종자성기용皆從自性起用이라", 자성自性에, 불성佛性에 좇아서 그러한 용用을 내라는 말과 뜻은 같습니다. 우리가 언제나 누구한테 이야기할 때나, 또는 자기가 생각할 때나 "내 본래 성품性品은 다 불성佛性인데 불성佛性에서 보면 이것이 어떨 것인가", 이렇게 모두를 다 불성佛性에 비추어서 생각하는 것은 자타自他를 구분하지 않는 것입니다. 또한 불성佛性에 비추어서 행동한다는 것은 자기와 남을 둘로 보지 않기 때문에 자기가 편하기 위해서 남을 함부로 부린다거나, 또는 자기가 어른 행세를 하려한다거나, 또는 남을 자기 아랫사람으로 부리려고 하는 것 등은 모두가 다 부처님의 체體에 어긋나는 것입니다. 따라서 항시 평등무차별平等無差別의 그 성품性品에다가 우리 마음을 두고서 용用, 즉 행동을 일으켜야 합니다.

"시진계정혜법是眞戒定慧法이라", 이렇게 하는 것이 결국은 참다운 계정혜법戒定慧法인 것입니다. 계율戒律을 지키고 선정禪定을 닦고, 또는 지혜智慧를 닦고 하는 것도 모두가 다 그 본체本體에다 마음을 두고 해야 참다운 계율戒律이 되는 것이고, 본체本體에다 마음을 두고 고요히 해야 참다운 참선參禪이 되는 것이고, 본체本體에다 마음을 두고 무슨 말을 했을 때 비로소 참다운 지혜智慧가 되는 것입니다.

"청오게왈聽吾偈曰이라", 내가 지금 게송偈頌을 읊으니 여러분들은 들으시오. "심지무비자성계心地無非自性戒라", 마음 바닥, 마

음 바탕의 그 불성佛性에는 원래 그릇됨이 없으니 이것이 자성
계自性戒요, "심지무치자성혜心地無痴自性慧라", 우리 마음의 바
탕, 마음의 불성佛性에는 원래 어리석음(痴)이 없으니 이것이 바
로 자성自性의 지혜智慧요, "심지무란자성정心地無亂自性定이라",
마음의 바탕에는 산란스러운 것이 없으니 이것이 바로 자성自性
의 선정禪定입니다.

"부증불감신금강不增不減身金剛이라", 그래서 더함도 없고 덜함
도 없는 것이 우주에 가득해서 과거 현재 미래에서 조금도 움직
이지 않고 변함이 없는 이것이 바로 금강金剛이고, 또는 "신거
신래본삼매身去身來本三昧라", 이렇게 공부할 때에는 몸이 가나
오나 모두가 다 참다운 삼매三昧를 떠나지 않습니다. 이것은『단
경壇經』의 「참회품懺悔品」에 설설說해진 말씀입니다.